T0208855

essentials

essentials liefern aktuelles Wissen in konzentrierter Form. Die Essenz dessen, worauf es als „State-of-the-Art" in der gegenwärtigen Fachdiskussion oder in der Praxis ankommt. *essentials* informieren schnell, unkompliziert und verständlich

- als Einführung in ein aktuelles Thema aus Ihrem Fachgebiet
- als Einstieg in ein für Sie noch unbekanntes Themenfeld
- als Einblick, um zum Thema mitreden zu können

Die Bücher in elektronischer und gedruckter Form bringen das Fachwissen von Springerautor*innen kompakt zur Darstellung. Sie sind besonders für die Nutzung als eBook auf Tablet-PCs, eBook-Readern und Smartphones geeignet. *essentials* sind Wissensbausteine aus den Wirtschafts-, Sozial- und Geisteswissenschaften, aus Technik und Naturwissenschaften sowie aus Medizin, Psychologie und Gesundheitsberufen. Von renommierten Autor*innen aller Springer-Verlagsmarken.

Weitere Bände in der Reihe https://link.springer.com/bookseries/13088

Dominique René Fara ·
Sibylle Olbert-Bock

Führung in der Digitalisierung – Mit Sinn und Selbststeuerung

Führung wird nicht überflüssig, aber die ändert sich gravierend

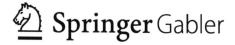

Dominique René Fara
Jüchen, Deutschland

Sibylle Olbert-Bock
Ostschweizer Fachhochschule – IOL
St. Gallen, Schweiz

ISSN 2197-6708   ISSN 2197-6716   (electronic)
essentials
ISBN 978-3-662-65199-5   ISBN 978-3-662-65200-8   (eBook)
https://doi.org/10.1007/978-3-662-65200-8

Die Deutsche Nationalbibliothek verzeichnet diese Publikation in der Deutschen Nationalbibliografie; detaillierte bibliografische Daten sind im Internet über http://dnb.d-nb.de abrufbar.

Planung/Lektorat: Christine Sheppard
Springer Gabler ist ein Imprint der eingetragenen Gesellschaft Springer-Verlag GmbH, DE und ist ein Teil von Springer Nature.
Die Anschrift der Gesellschaft ist: Heidelberger Platz 3, 14197 Berlin, Germany

Was Sie in diesem *essential* finden können

- Einen schnellen Überblick über Technisierung,agiles Organisieren und agile Arbeitsweisen.
- Einen klaren Rahmen für Führung in der Digitalisierung.
- Anschauliche Fallbeispiele, um Kernelemente der Ausrichtung von Füh2 rung in der Digitalisierung zu illustrieren.
- Direkt nutzbare Methoden für die Veränderung von Führungshandeln.

Inhaltsverzeichnis

Abbildungsverzeichnis

1

Führung im Umbruch

Im Zuge der Digitalisierung sind in vielen Unternehmen neben einer zunehmenden Nutzung moderner Technologien die Veränderungen von Prozessen und Arbeitsweisen, ggf. auch der Strukturen insgesamt an der Tagesordnung. Die Veränderung von Führung und die Weiterentwicklung bestehender Haltungen hinken dem jedoch hinterher.

Die bestehende Situation lässt sich mit einer Party vergleichen, die das Topmanagement plant, und für die es agile »Musik bestellt«, z. B. in Gestalt von agilen Methoden und Projekten. In der Gesamtorganisation werden vielerorts anteilig hierarchische Strukturen und vor allem auch Verhaltensweisen beibehalten. Das Topmanagement selbst tanzt damit auf der Party oft nicht mit, setzt sich selbst zu wenig mit der Frage nach geeigneten Rahmenbedingungen für »unterstellte« Führungskräfte auseinander, erweitert Freiheitsgrade und Ressourcen für sie zu wenig und hält an bestehenden, hierarchieorientierten Einstellungen fest. Auf operativer Ebene verändern sich bereits die Taktzahl und auch die Bewegung.

Angesichts dieser Situation stellt sich die Frage, wie die Party weiter verlaufen soll. Will sich das mittlere Management nach der neuen Musik richten, so kommt es kaum umhin, in seinen Verantwortungsbereichen mehr Freiheiten für die Anwendung individuellen Wissens und Könnens zu gewähren und Selbstorganisation zu ermöglichen.

Sind die Teams selbstorganisierter unterwegs, dann wird es allerdings für das mittlere Management schwierig, wie bisher beispielsweise alles zu kontrollieren und über alles jederzeit auskunftsfähig zu sein, was sich im eigenen Verantwortungsbereich ereignet, und sich so immer wieder für die eigene Position zu legitimieren. Das notwendige Loslassen fällt schwer, wenn es vor den eigenen Führungskräften noch »den alten Tanz aufführen« muss. Wichtig wäre, dass auch das Topmanagement

D. René Fara und S. Olbert-Bock, *Führung in der Digitalisierung – Mit Sinn und Selbststeuerung*, essentials, https://doi.org/10.1007/978-3-662-65200-8_1

seine Strukturen und sein Mindset an impliziten Normen erneuert und überzeugend eine neue Führungskultur vorlebt.

Das mittlere Management zwischen Tradition und operativer Agilität

Das mittlere Management ist angesichts der Forderung nach Agilität und der Einführung agiler Methoden in einer Zwickmühle, es bekommt einen neuen Takt, soll aber »den alten Tanz aufführen«.

In diesem Beitrag wird dargestellt, wie sich Führung in der Organisation insgesamt entwickeln sollte, um eine sinnvolle, in sich stimmige Party zu erleben und konsistentes Handeln zu ermöglichen.

Zu diesem Zweck wird ein Blick auf den normativen und strategischen Hintergrund der geschilderten Situation geworfen, bevor Lösungswege aufgezeigt werden, wie Führung über die gesamte Organisation hinweg Agilität unterstützt und nicht lediglich mit der Bereitstellung von Methoden Agilität signalisiert. Fokussiert werden dabei jene Agilitätsformen, die bei der Anwendung von Wissen und Können auf Selbstorganisation setzen und zu diesem Zweck Autorität in systematischer Weise innerhalb der Organisation dezentralisieren (Lee & Edmondson, 2017).

Da Agilität einen der zentralen Aspekte darstellt, die im Zusammenhang mit der Digitalisierung diskutiert werden, werfen wir kurz einen ergänzenden Blick auf den zweiten zentralen Aspekt, die Technisierung und die Entwicklung einer geeigneten Haltung, die zu beidem passt.

Das Kernstück bildet ein Rahmenmodell für Führung in der Digitalisierung. Fallbeispiele und Fragen zur Reflexion dienen dazu, seine Elemente zu verstehen und auf die eigene Situation anzuwenden.

Es werden konkrete Methoden an die Hand gegeben, mit denen Führungskräfte oder Organisationsentwickler den Wandel zu agilen Organisationen voranbringen bzw. den Sinn von Arbeitsweisen nachvollziehen können, die gerne eingesetzt werden.

Abschließend wird auf grundlegende Herausforderungen des Wandels zu agilen Organisationen und auf Ansatzpunkte zu ihrer Bewältigung eingegangen.

Ausgangspunkt Digitalisierung – Technisierung und Agilität

2

Im Zusammenhang mit der Digitalisierung werden zwei zentrale Entwicklungen in der Arbeitswelt oft in einem Atemzug diskutiert, die nicht zwangsläufig miteinander Hand in Hand gehen müssen: einerseits das agile Organisieren und Arbeiten und andererseits die Technisierung bzw. Digitalisierung im engeren Sinne. Sowohl Agilität als auch Technisierung werden mit Blick auf Arbeitsgestaltung und Führung oft unter primär operativem Fokus umgesetzt oder lediglich auf die Strukturen einer Organisation bezogen. Die Diskussion von beiden Entwicklungen findet statt, ohne die jeweilige Art und Weise näher zu charakterisieren, in der sie sich ereignen sollen.

Bisweilen zu oberflächlich werden Überlegungen dazu angestellt, welche Normen und welche Art des Führungshandelns gelten sollen, um dauerhaft die Organisationsziele zu erreichen. Zu wenig Augenmerk wird darauf verwendet, welche Weichenstellungen in der Gestaltung von Arbeit und Führung deshalb bereits heute wichtig sind und inwiefern das bestehende Mindset dazu passt.

2.1 Die drei Bereiche der Digitalisierung im engeren Sinne

Die Digitalisierung im engeren Sinne, verstanden als die fortlaufende Integration moderner Technologien, lässt sich für einen besseren Überblick in drei Teilbereiche aufgliedern (siehe Abb. 2.1):

1. Digitalisierung von Prozessen:
Typischerweise starten Unternehmen damit, bestehende händische Prozesse in Systeme zu überführen. Ein Beispiel dafür kann die Reisekostenabrechnung in einer Organisation sein. Häufig wird diese über einzelne Dateien (z. B. Excel) erstellt,

indem verschiedenste Felder ausgefüllt werden. Danach wird das Dokument aus-
gedruckt und von mehreren Parteien unterschrieben, um es dann per Hauspost oder
eingescannt an den verarbeitenden Abrechnungsbereich weiterzuleiten. Auch wenn
in diesem speziellen Beispiel häufig bereits eine Digitalisierung stattgefunden hat,
gibt es eine Vielzahl an Prozessen, die heute noch durch mehrere Hände laufen,
manuell bearbeitet und von einem System in das andere übertragen werden müssen.

2. Internet of Things (IoT):
Sobald die einzelnen Prozesse digital abgebildet sind, kann man sie untereinander vernetzen. Diese Vernetzung entsteht im IoT. In Deutschland spricht man hier
auch von Industrie 4.0, was häufig den Bezug zur Produktion von Gütern nahe-
legt. Beispielhaft könnte das bedeuten: Eine Produktionseinheit weiß schon, was
als Nächstes produziert wird, und hat auch die Information, welche Rohmateria-
lien hierfür bereitgestellt sind. Also fordert die Produktionseinheit direkt bei dem
fahrerlosen Transportsystem Nachschub an. Das selbstgesteuerte Vehikel fährt zum
Abholplatz, wo bereits das Rohmaterial bereitliegt, weil auch diese Einheit infor-
miert ist. Da das Lager sich leert und die zuführende Maschine das weiß, wird
automatisch das Rohmaterial bei dem Lieferanten nachbestellt. Diese Vernetzung
im Internet der Dinge geht allerdings weit über die Produktion von Gütern hinaus.
Auch in der Verwaltung können unterschiedliche Prozesse miteinander kommuni-
zieren. Nehmen wir beispielhaft noch mal die Reisekostenabrechnung und erweitern
den Prozess nun dadurch, dass die reisende Person schon bei der Bezahlung im Hotel
eine digitale Zahlungsmethode verwendet (z. B. Apple Pay oder PayPal). Die Rechnung wird direkt von dem Handy eingescannt, sofern das Hotel sie nicht schon in
digitaler Form zur Verfügung stellt. Die Daten aus der Rechnung werden automatisch in die Reisekostenabrechnung eingelesen und von der reisenden Person direkt
auf dem Handy kontrolliert. Stimmen die Daten, werden sie mit einer Bestätigung
direkt an die Führungskraft weitergeleitet. Diese bestätigt die Rechnung ebenfalls,
und so ist sie schon im System der Abrechnung und muss nicht mehr kontrolliert
werden, weil die Pflichtfelder passend ausgefüllt wurden und das System die weitere Plausibilitätskontrolle übernimmt. Die Rückerstattung der Reiseaufwendungen
wird den Mitarbeitenden automatisch zum nächstmöglichen Termin überwiesen.

3. Digitale Geschäftsmodelle:
Der vielleicht spannendste und in Europa am wenigsten ausgeprägte Bereich betrifft
neue digitale Geschäftsmodelle. Hier geht es nicht mehr darum, die Effizienz der
bestehenden Prozesse zur Entwicklung, Herstellung, Lieferung oder Wartung von

Produkten oder Dienstleistungen zu erhöhen. Hier geht es darum, Neuland zu betreten, Dinge auszuprobieren, die bisher in dieser Organisation nicht zu Wertschöpfung genutzt wurden. Dies wird am folgenden Beispiel illustriert.

Das Familienunternehmen Vestner

Das Familienunternehmen Vestner hat vor zwei Generationen damit begonnen, Aufzüge herzustellen, sie zu verkaufen, einzubauen und den Wartungsservice bereitzustellen. Simon Vestner, der Enkel des Gründers, hat nach einem Kundenworkshop die Wünsche seiner Klienten neu verstanden. Zum Beispiel sollten die Ausfallzeiten noch niedriger sein, und die Kunden wünschten regelmäßige Datenauswertungen zu den Fahrstühlen. Anstatt in alten Lösungen zu denken, entwickelte er eine smarte Fahrstuhlsteuerung, die gleichzeitig Daten auslesen konnte: Wie häufig hält der Fahrstuhl, wo hält er am meisten, wie oft geht die Tür auf und zu, welche Knöpfe werden gedrückt, wo stockt etwas etc.? Die Vorteile sind viel größer als vom Kunden gewünscht. Jetzt können sie nicht nur jederzeit Echtzeitauswertungen erhalten. Die Fahrstühle können jetzt auch vorausschauend gewartet werden und sind smart (z. B. vom Handy) steuerbar. Aber wo ist das Geschäftsmodell? Die smarten Steuerungen baut Simon Vestner unter der neu gegründeten Marke »Aufzughelden« kostenlos ein, dafür übernimmt er die bisherigen Serviceverträge. Kunden gewinnen mehr Transparenz, weniger Ausfallzeiten und Kostenersparnis. Das Ganze ist nur möglich, weil die smarte Steuerung hilft, auch aus der Ferne den Zustand der Fahrstühle zu erkennen.◄

Neue Geschäftsmodelle können bestehende Geschäftsmodelle »disruptieren« bzw. zerstören. Damit ist es nicht nur ratsam, ein zukunftsfähiges Geschäftsmodell zu haben oder zu entwickeln, sondern ggf. sogar entscheidend für das Fortbestehen heutiger Organisationen.

Es ist bezogen auf das Beispiel von Vestner leicht vorstellbar, wie es anderen Anbietern von Fahrstuhlservices ergeht, wenn sie gegen die Aufzughelden bestehen wollen. Sie kämpfen mit völlig ungleichen Waffen. Das alte Geschäftsmodell wird »disruptiert«.

Genau darum ist es wichtig, dass diese Geschäftsmodelle auch von europäischen Firmen entwickelt werden und in Zukunft nicht ausschließlich aus Asien und Amerika kommen. Daher sind die Simon Vestners dieser Welt Beispiele, die uns Mut machen sollten.

In der Steuerung der zugehörigen Digitalisierungsprojekte und der Einbeziehung von Beteiligten unterscheiden sich Unternehmen deutlich voneinander.

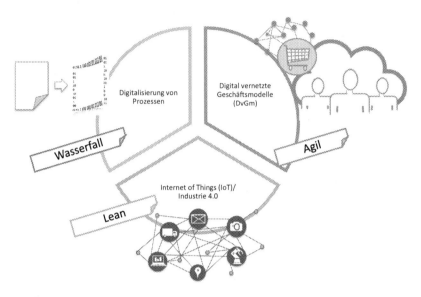

Abb. 2.1 Elemente der Digitalisierung im engeren Sinne. (Quelle: eigene Darstellung)

Wichtig ist, dass nicht die Technik selbst, sondern der mit ihr verfolgte Zweck bzw. die Möglichkeiten in den Blick geraten und die Art der Leistungserbringung darauf aufbaut. Beteiligung ist ein wesentlicher Aspekt, dies zu vermitteln.

Besonders ändert sich allerdings, welche Leistung durch Menschen erbracht werden sollte und welche zukünftig schneller, hochwertiger und günstiger durch Technologien erledigt werden kann.

Das Ausmaß der dem Menschen zugestandenen Autonomie unterscheidet sich je nach Art des Einsatzes und der Gestaltung von Technik beträchtlich. Sowohl unter strategischen Gesichtspunkten als auch angesichts von normativen Überzeugungen wäre eine vorausschauende, gleichberechtigte, die sozialen Effekte berücksichtigende Gestaltung von Technik wichtig, unterbleibt aber meist. Anforderungen, die sich aus der gewünschten menschlichen bzw. sozialen Leistung ergeben, müssen sich einer möglichen technischen Umsetzung häufig unterordnen.

Die technischen Lösungen und die Art ihrer Integration spielen damit eine wesentliche Rolle für die mögliche Vielfalt an (digitalen) Problemlösungen, die digitale Affinität in der Belegschaft und das Erleben von Sinn. Es sind daher oft die Steuerung von Digitalisierungsprojekten sowie die Art und das Ausmaß an Beteiligung, die zu Vorbehalten führen. In dem Beispiel der Aufzughelden wird deutlich, wie ganz neue Möglichkeiten zum Handeln und Denken entstehen, und wie neue Geschäftsmodelle Chancen für die berufliche Weiterentwicklung in Unternehmen bieten. Menschen, die in den Veränderungen gut mitgenommen werden, beschäftigen sich automatisch mehr mit der zukünftigen Arbeitssituation, werden dadurch auch digital affin und stehen der Veränderung positiv gegenüber. Sie können sich mitentwickeln und werden selbst zum Treiber der Veränderung.

Agilität als zweiter Faktor von Digitalisierung i.w.S. – verstanden als die schnelle, flexible und vorausschauende Anpassungsfähigkeit von Organisationen an Veränderungen (ähnlich z. B. Dühring 2020) – lässt sich grundsätzlich genauso auf verschiedene Ebenen eines normativen, strategischen und operativen Managements beziehen. Auf normativer Ebene wirken Überzeugungen von Agilität – und wie sie zu steuern ist – als eigenständiger »Wert«. Es geht um Haltungen bezogen auf kollektives und individuelles Handeln, die handlungsleitend sind, bzw. um eine hohe Identifikation mit der Art und Weise, wie die Dinge in dem Unternehmen gemacht werden. Viele Ansätze von Agilität setzen auf die Vielfalt von Lösungsansätzen, um komplexe Probleme bewältigen zu können, und auf Autonomie und Selbstorganisationsfähigkeiten des Einzelnen und von Teams.

Verinnerlicht sein sollten Haltungen bezogen auf den Sinn, die Sicherheit und die Bedeutung von Leitplanken für Verantwortung.

Bevor auf wesentliche Elemente einer organisationsumfassenden Führungskultur eingegangen wird, werden zunächst die strukturellen Elemente von Agilität auf strategischer und operativer Ebene dargestellt.

2.2 Agilität – eine Frage von Strukturen und/oder Methoden

Für viele Unternehmen stellt Agilität einen wesentlichen Aspekt dar, um in der Digitalisierung erfolgreich zu bleiben. Wichtig ist, dass dazu geeignete Strukturen geschaffen werden und auf operativer Ebene agile Arbeitsweisen genutzt werden.

2.2.1 Strukturelle Agilität

Strukturell stellt sich Agilität als veränderte Grundlogik der Aufbauorganisation in Richtung von Netzwerkorganisation dar. Agile Organisationsformen basieren auf Fähigkeiten zur Selbstorganisation, um auf neuartige Herausforderungen adäquat reagieren und sie einer Lösung zuführen zu können. Sie setzen auf die wachsende Selbstverantwortung der Mitarbeitenden und Teams und auf eine zu diesem Zweck geeignete Führung.

Um den Unterschied zu traditionellen Strukturen zu beschreiben, lässt sich als Metapher an die Vorstellung von Speedboat und Tanker anknüpfen (siehe Abb. 2.2).

Im Tanker gibt es klare Verantwortlichkeiten für die unterschiedlichsten Bereiche. Zum Beispiel sind auf der Brücke die Menschen, die sich um die Richtung des Tankers kümmern. Um die Beladung des Tankers kümmert sich der Logistikbereich und für den Antrieb gibt es die Teams im Maschinenraum. Die Bereiche arbeiten weitestgehend für sich und versuchen, die ihnen von der Brücke vorgegebenen Ziele zu verwirklichen. Er ist vergleichbar mit typischen »Industriezeitalter-Unternehmen«, die sich im Kontext von Effizienz und Qualität bewährt haben. Der Endkunde ist recht weit entfernt und hat wenig Auswirkung auf die eigentlichen Entwicklungen auf dem Tanker. Die Verantwortungen und Informationen sind sehr klar auf den verschiedenen Hierarchieebenen verteilt. Je höher man ist, desto mehr Verantwortung und Information bekommt man.

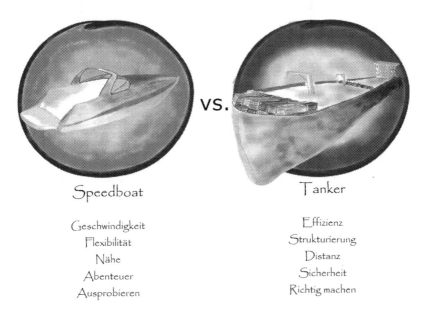

Abb. 2.2 Speedboat oder Tanker? (Quelle: Fara, 2019)

Der größere Sinn der Organisation liegt häufig eher in Expansion oder Gewinnmaximierung. Ziele werden auf Jahres- oder Projektsicht für jede Einheit und jede Person heruntergedekliniert und sind von entsprechenden Visionen flankiert. Die Flexibilität in der Fahrtrichtung ist gering, da es immer darum geht, das bestehende Geschäftsmodell ans Ziel zu bringen. Kritisch betrachtet denkt jeder besonders für den eigenen Bereich und stärkt bzw. verteidigt diesen auch.

Beispiel

Beispielhaft lässt sich dies folgendermaßen illustrieren: Wird von den Menschen auf der Brücke vorgegeben, dass der Maschinenraum für die doppelte Geschwindigkeit sorgen solle, und dies zudem bei sinkendem Verbrauch, wird im Maschinenraum darüber gehöhnt, wie das gehen soll. »Es ist ja nicht möglich, mehr Power zu nutzen, wenn weniger reinkommt. Außerdem kennen die da oben auf der Brücke sich nicht wirklich mit der Arbeit im Maschinenraum aus.«

Wenn der Maschinenraum selbst keine Lösung findet, die Ziele aber bestehen bleiben, wird schnell auf andere Bereiche verwiesen, um Schuldige zu finden. Die Logistik hat vielleicht den Tanker falsch beladen, sodass eine größere Geschwindigkeit einfach nicht möglich ist, oder der Einkauf hat den falschen Treibstoff gekauft. Spätestens jetzt spricht man von Silos, die sich nicht wirklich gut gegenseitig unterstützen, wenn es hart auf hart kommt. ◄

Die bereichsorientierten Strukturen stammen aus dem Effizienzgedanken des Industriezeitalters und sind für den alleinigen Zweck der Effizienzsteigerung auch durchaus geeignet, zumindest, solange man nur auf die einzelnen Einheiten schaut und wenig Veränderung erforderlich ist. Betrachtet man den gesamten Tanker, so wird schnell deutlich, dass an vielen Stellen genau durch diese Strukturen die Aufmerksamkeit auf für Veränderung weniger wichtige Themen gelenkt wird und zahlreiche Reibungspunkte entstehen, die Ressourcen für Erneuerung binden.

Im Speedboat hingegen ist die Organisationsstruktur an Projekten orientiert. Die Verantwortung für die komplette Umsetzung liegt in dem einzelnen Speedboat. Geschwindigkeit und Flexibilität bekommen einen hohen Stellenwert und Kursänderungen können von allen Beteiligten initiiert werden. Alle für den Erfolg des Projekts notwendigen Kompetenzen sind in dem gleichen Team, was Bereichs- und Denksilos verhindert. Das Team selbst übernimmt die Verantwortung für die Umsetzung und ist deutlich näher am Kunden. Diese Kombination fühlt sich viel mehr wie ein Abenteuer an: Auch wenn die Entscheidungen durch die ausgeprägtere Kundennähe besser sein können, sind sie häufig nicht über komplizierte Wege wasserdicht abgesichert. Passieren dadurch nicht mehr Fehler? Das ist sogar wahrscheinlich. Diese Fehler passieren aber früher und man spricht von schnellem und günstigem Scheitern. Der Sinn in Speedboats ist häufig eng mit sozialen, ökonomischen oder ökologischen Nachhaltigkeitsthemen verbunden. So erhält auch eine sinnorientierte Führung einen neuen Stellenwert.

▶ Strukturelle Agilität lässt sich durch moderne Technologien unterstützen:

- Es kann einfacher auf die Expertise von Kollegen zurückgegriffen werden.
- Synchrone Kommunikation bezüglich Zielsetzung und Zielerreichung wird gefördert.
- Meetings sind schnell und unkompliziert möglich.
- Wissen steht schnell zur Verfügung.

2.2.2 Agilität auf operativer Ebene

Ausgangspunkt der Beschäftigung mit Agilität und agilen Organisationen sind oft agile Arbeitsmethoden.

Zahlreiche Tools wurden entwickelt, um Agilität auf operativer Ebene methodisch zu unterstützen und bestehende Vorgehensweisen zu erneuern. Wie unterschiedlich Probleme angegangen werden können, lässt sich mithilfe der »Stacey Matrix« verdeutlichen (siehe Abb. 2.3). Sie zeigt sehr schön die Beziehung zwischen den Anforderungen, die verschiedene Aufgaben an uns stellen können, und den Methoden/Technologien, die wir nutzen, um Ziele zu erreichen.

Je näher wir dem Nullpunkt auf X- oder Y-Achse kommen, desto klarer werden der Weg (»wie« wir vorgehen), das Ziel (»was« wir erreichen wollen) oder beides. Je weiter wir nach außen gehen, desto unklarer werden Ziel und Methode.

Sind sowohl Ziel als auch Weg klar, handelt es sich um simple Aufgaben, für die wir gut mit Checklisten und Orientierungsregeln arbeiten können. Als Beispiel hierfür kann der Abrechnungsbereich im Personalwesen dienen. Das Ziel ist eindeutig. Am Ende des Monats muss das Gehalt der Mitarbeitenden in korrekter Höhe auf dem entsprechenden Konto eingegangen sein. Auch die Methoden

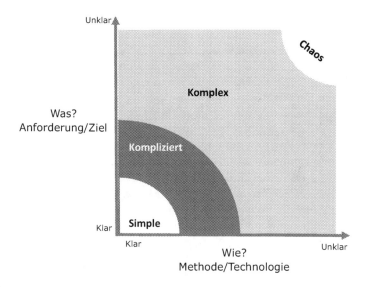

Abb. 2.3 Stacey Matrix – Herausforderungsarten von Aufgaben. (Quelle: in Anlehnung an Stacey, 2011)

dafür sind hinlänglich bekannt. Es handelt sich also um eine operative Tätigkeit, die gut durch Checklisten und Orientierungsregeln für die Abarbeitung von Aufgaben organisiert werden kann. Das sind leichte Aufgaben.

Werden Ziele und/oder Methoden etwas unklarer, so werden die Aufgaben kompliziert, weil wir nicht mehr genau wissen, wo wir genau hinwollen oder mit welchen Vorgehensweisen wir arbeiten sollen. Es gibt aber immer noch eine gewisse Überschaubarkeit. Mit genug Planung und Strukturierung kann man die hier anfallenden Themen beherrschbar machen. Ein kompliziertes System ist z. B. ein Flugzeug. Es ist wirklich nicht einfach, das im Detail zu verstehen, aber wenn man sich eingehend damit auseinandersetzt, werden die Zusammenhänge verständlich und Ursache-Wirkungs-Beziehungen können berechnet werden.

Steigern wir die Unklarheit von »Was« und »Wie« weiter, so werden Ziele noch unklarer und die Methoden, mit denen wir sie erreichen, ebenso. Wir kommen in den komplexen Bereich. Hier geht es um lebendige Systeme, z. B. einen Ameisenhaufen oder eine Strukturveränderung in einer Organisation. Man kann vorher nicht berechnen, wie sich die Ameisen oder gar die Menschen genau verhalten. Je nach Ursache gibt es unterschiedliche Wirkungszusammenhänge. Im

Beispiel der Organisationsentwicklung werden vielleicht gute Mitarbeitende kündigen und andere sind Feuer und Flamme für die neue Entwicklung, obgleich man das vorher nicht gedacht hätte. Immer, wenn wir in Systemen mit Lebewesen und nicht ausschließlich mit Maschinen zusammenarbeiten, sind Ursachen und Wirkungen nicht ganz klar berechenbar. Insbesondere Menschen verhalten sich nicht immer logisch. Auch die Entwicklung neuer Geschäftsmodelle ist eine komplexe Aufgabe. Man kann die Ziele auf lange Frist nicht konkret festlegen und die Methoden, mit denen das Geschäftsmodell aufgebaut wird, sind auch nicht von vornherein bestimmbar. Es kann immer nur für einen kurzen Zeitraum Klarheit über die nächsten Schritte geschaffen werden. Gerade neue Geschäftsmodelle benötigen die Kreativität eines kompletten Teams. Die »Daniel Düsentriebs«, welche die Erfolge der Organisationen im Alleingang entwickeln, können kaum mehr gegen starke Teams ankommen, die ihre interdisziplinären Wissensgebiete zusammenbringen und durch ihre persönlichen Talente ergänzen.

Sofern keinerlei Ziel und auch keine Methode für eine Situation existiert, befinden wir uns im Chaos. Während die Kompliziertheit von Aufgaben auf Unwissenheit basiert, sind komplexe Aufgaben wenig vorhersehbar und bergen zahlreiche Überraschungen.

Aktuelle Technologien, wie Machine Learning, Künstliche Intelligenz oder Robotics, werden in naher Zukunft die simplen Aufgaben schneller, qualitativ hochwertiger und ohne Pause erledigen. Die Konsequenz ist, dass immer weniger Menschen für diese Tätigkeiten eingesetzt werden, es sei denn, dass sie die Aufgaben preiswerter als Technik erledigen können. Wir Menschen werden in gut entlohnten Bereichen immer mehr für komplizierte, aber noch häufiger für komplexe Aufgaben benötigt.

Auf operativer Ebene, beispielsweise zum Einsatz in Projekten, gibt es zahlreiche Techniken zur Unterstützung von Agilität (siehe Abb. 2.4). Während man im komplizierten Bereich noch mit Wasserfallprojektmanagement oder einem kontinuierlichen Verbesserungsprozess (KVP) zur Entscheidungsfindung und praktischen Umsetzung arbeiten kann, sind zur Erfüllung komplexer Aufgaben agile Methoden, Zielsysteme, Organisationsformen und Kompetenzen eine klare Grundvoraussetzung. Mögliche unterstützende Techniken sind in Abb. 2.4 dargestellt.

Methoden wie Kanban, Scrum, Objectives and Key Results (OKR), DevOps, Design Thinking etc. geben eine Orientierung, wenn die Ziele nicht mehr klar sind und wir auch nicht wissen, welche Methoden im Einzelnen genutzt werden können, um die nächsten Schritte zu gehen. So bleibt einem zumindest noch der Rahmen, an dem man sich festhalten kann und der jeden Tag hilft, die für den jeweiligen Tag sichtbar besten Schritte aktiv anzugehen.

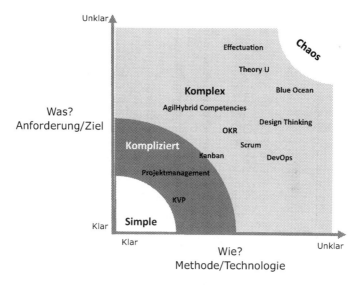

Abb. 2.4 Techniken zur Unterstützung der Entscheidungsfindung und Umsetzung. (Quelle: in Anlehnung an Stacey, 2011)

2.2.3 Fünf Merkmale agiler Arbeitsweisen

Das, was die oben dargestellten agilen Methoden eint, kann in fünf Merkmalen agiler Arbeitsweisen (siehe Abb. 2.5) zusammengefasst werden:

- **Kurze Planungszyklen:** Im Unterschied zum Wasserfallprojektmanagement oder der herkömmlichen Ziel- und Meilensteinpraxis wird in agilen Systemen immer auf einen Zeitraum geschaut, den man gut überblicken kann. Das geht vom Daily über einwöchige Sprints bis hin zu Quartalszielen. Auch prototypisches Vorgehen lenkt den Blick auf das, was man als Nächstes wissen möchte, und nicht direkt auf die komplette Entwicklung eines Produkts.
- **Zielklarheit:** Die zu erreichenden Ziele für den nächsten Schritt werden außer durch den kurzen Planungszyklus auch durch Klärungsmechanismen gestärkt, die in der Selbstverantwortung des Teams liegen. Was das Team nicht verstanden hat, wird es nicht umsetzen können. Auch die Transparenz dessen, was jeder Einzelne zu tun hat, steigt durch die Zielklarheit innerhalb der Teams.
- **Kundenfokus:** Im Industriezeitalter wurden diejenigen zu Kunden, »die ein berechtigtes Interesse an meiner Leistung hatten«. Dazu gehörten auch die

Agiler Rahmen

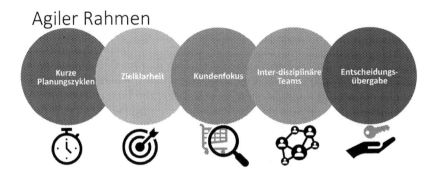

Abb. 2.5 Merkmale agiler Arbeitsweisen. (Quelle: eigene Darstellung)

eigene Führungskraft, der Vorstand oder ein Nachbarbereich. Das passte sehr gut in die Bereichsdenke, die das Industriezeitalter organisatorisch geprägt hat. In agilen Systemen geht es hingegen wieder um den Endnutzer des Produkts, den man als Kunden betrachtet.

- **Interdisziplinäre Teams:** Agile Teams werden auch darum so schnell, weil alle Personen bzw. Rollen in einem Team enthalten sind, die für den Erfolg des Gesamtprodukts gebraucht werden. Damit wird Silodenken bis auf null reduziert und es entstehen Teams, die mehrdimensionale Lösungen entwickeln können.
- **Entscheidungsübergabe:** Spätestens hier greifen wir tief in den Bereich ein, der bisher Führungskräften vorbehalten war. Entscheidungen werden sehr viel stärker an die Stelle gegeben, wo auch die Leistung dazu erbracht wird. Damit die Teams selbst über Ressourcen, Budgets, Entwicklungen etc. entscheiden können, braucht es zusätzlich Transparenz. Während im Industriezeitalter die Führungskräfte einen Informationsvorsprung hatten, ist es in agilen Systemen notwendig, die zur Entscheidung notwendigen Informationen auch in den Teams zu haben. Das erhöht in guten Systemen die Entscheidungsgeschwindigkeit um ein Vielfaches.

Da es in der Praxis sehr häufig zu Missverständnissen kommt, möchten wir wenige Punkte hinzufügen, was Agilität sicher nicht ist. Das Wort »Agilität« legt im Deutschen nahe, dass es sich um Flexibilität handelt. So hört man z. B. zu Beginn von Meetings die Aussage:»Wir haben zwar keine Agenda vorbereitet, aber wir sind ja agil.« Diese Art von Flexibilität gibt es in agilen Systemen nicht. Das nennt man »schlechte Vorbereitung«. In agilen Systemen sind Meetings viel klarer vorbereitet und mit viel transparenteren Zielen versehen. Flexibilität in agilen Systemen entsteht durch die kürzeren Planungszyklen und die direkte Entscheidungsmöglichkeit der Teammitglieder.

Vor allem aber geht es nicht darum, mechanistisch und wiederholend dieselben Problemlösungstechniken zu nutzen, um Agilität zu suggerieren. Es genügt weder, Methoden zur Erledigung von Aufgaben bereitzustellen, noch sind sie für alle komplexen Herausforderungen im Sinne von »one size fits all« gleichermaßen geeignet: »Wer als Werkzeug nur einen Hammer hat, sieht in jedem Problem einen Nagel«, stellte bereits Paul Watzlawick dar. Wesentlich ist ihr gelebter Einsatz: ob Techniken als Selbstzweck, »von der Stange« oder durchdacht – eben zu den Herausforderungen tatsächlich passend – eingesetzt werden. Im Zusammenhang mit operativer Agilität wird deutlich, dass erst die Fähigkeiten, die geeignetsten Methoden auszuwählen oder sogar neuartige Herausforderungen zu erkennen, bestehende Vorgehensweisen zu hinterfragen und bessere Wege zu erschließen, dauerhaft Agilität gewährleisten kann.

Soll es nicht bei agilen Arbeitsweisen bleiben, sondern soll eine Gesamtorganisation agil funktionieren, so müssen Techniken, Strukturen und Haltungen in viel umfassenderer Weise ineinandergreifen und oft entwickelt werden. Dies betrifft die »richtige« Führung in herausragender Weise.

Sinn, Selbststeuerung und Leitplanken – normativer Fokus von Führung

3

Geht man davon aus, dass die heutigen Organisationen, Strukturen und Prozesse für das Industriezeitalter entwickelt wurden und dass im Digitalzeitalter durch neue Technologien besonders Tätigkeiten mittleren Anforderungsniveaus nicht mehr durch Menschen durchgeführt werden müssen, so werden wir deutlich mehr im komplexen Bereich tätig sein.

Um hier erfolgreich sein zu können, gilt es, Gesamtsysteme zu schaffen, die angesichts von Komplexität zur Hochleistung auflaufen. Das wird mit traditionellen Arbeitsweisen, Strukturen und Prozessen alleine (Kap. 2) nicht gelingen.

Wenn sich Strukturen und Arbeitsweisen so sehr ändern, so muss sich auch der normative Fokus von Führung zwangsläufig verändern. Führungskräfte werden heute noch sehr von einem Denken bezüglich Effizienz und Qualität des Industriezeitalters geprägt. Im Wissenszeitalter liegt der Fokus nun stärker auf Soft Skills, Persönlichkeitsentwicklung und Empowerment in den Führungsetagen. Doch da sich die Strukturen kaum verändert haben, sind weiterhin die besten Experten und Wissensträger in leitende Funktionen befördert worden. Sie hatten die Entscheidungsverantwortung und mussten für Effizienz und qualitativ hochwertige Ergebnisse sorgen.

Führungskräfte können bei der zukünftigen Komplexität und gleichzeitig geforderten Geschwindigkeit nicht mehr die letzte Beschlussinstanz bleiben. Das macht erstens langsam und zweitens führt es dazu, dass alles durch den Flaschenhals einer Person muss – womit die Vielfalt des Teams immer wieder darauf reduziert wird, was eine einzelne Person als adäquat beurteilt. Damit lösen wir Qualitätsthemen, aber keine komplexen Herausforderungen.

Die neue Führung muss sich also an Teams ausrichten, die in interdisziplinären Zusammensetzungen, mit kurzen Zielhorizonten und sehr hoher Selbstverantwortung komplexe Aufgaben lösen. Der Fokus für die weitere Entwicklung kommt

D. René Fara und S. Olbert-Bock, *Führung in der Digitalisierung – Mit Sinn und Selbststeuerung,* essentials, https://doi.org/10.1007/978-3-662-65200-8_3

nicht mehr von der Brücke des Tankers, sondern »wir fahren mit dem Speedboat direkt zum Kunden und verstehen, was diesen umtreibt«. Dieses Verständnis des Kunden ist ein Teilbereich, aus dem sich der Fokus für das Team ableitet.

Der zweite Teil für den Fokus ist die Vision von einer Zukunft, die heute noch nicht existiert. Die Führungskraft hat die Aufgabe, das Handeln auf diese Zukunft auszurichten. Das heißt nicht, dass die Führungskraft schon weiß, welchen Weg das Team gehen muss, um dorthin zu kommen, aber sie handelt aus der gedanklich schon erreichten Zukunft und hilft dem Team immer wieder, diese Zukunft zu sehen.

Um jetzt noch den Weg dorthin zu finden, braucht es die Möglichkeit, auszuprobieren. Nur wer die Sicherheit spürt, dass Fehler ein positiver Teil der Suche nach dem Weg zur Vision sind, kann auch Wege ausprobieren, die noch nicht beschritten wurden.

Offensichtlich benötigt ein Rahmenmodell für Führung in der Digitalisierung damit Anteile transformationaler Führung, mit ihrer deutlichen Betonung von Sinn und Orientierung der Menschen und ihres Handelns am Organisationszweck. Die gemeinsame Orientierung ist eine wesentliche Voraussetzung für autonomes Handeln. Auch sind Elemente des »Servant Leadership« nützlich. Sie ergänzen Überlegungen transformationaler Führung, indem Führungskräfte sich an den Bedürfnissen des Teams orientieren und für geeignete Rahmenbedingungen sorgen (Biemann & Weckmüller, 2019). Zusammengefasst benötigen selbstorganisierende Systeme eine klare Orientierung in Form von Sinn und Vision, Spielräume und damit Leitplanken für Verantwortungsübernahme sowie Sicherheit bzw. Schutz (siehe Abb. 3.1).

Führungskräfte sollten diese Kernaspekte verinnerlicht haben, um unabhängig von der Situation konsistent zu ihnen handeln zu können. Durch aktives Vorleben und eine transparente Kommunikation wird eine zu ihrer Verankerung in der Gesamtorganisation notwendige Verständigung gewährleistet. Bekommen die Teams diese Vision immer wieder im Handeln vermittelt und beginnen sie, sie auch selbst zu verinnerlichen, so können sie selbstverantwortlich arbeiten.

Für die Arbeitsweise der Selbstverantwortung braucht es daher diesen glasklaren Rahmen, der durch die Führungskräfte vorgelebt wird. Dieser Rahmen muss auch verteidigt werden. Sobald das Durchbrechen des Rahmens akzeptiert wird, existiert er schon bald nicht mehr.

Die in den weiteren Abschnitten erklärten Cases sollen dazu beitragen, ein tiefes Verständnis dessen aufzubauen, worum es geht. Sie werden um Fragen zur Reflexion des eigenen Führungshandelns ergänzt.

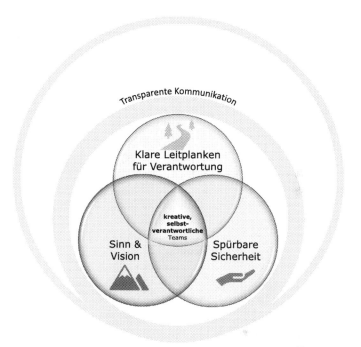

Abb. 3.1   Rahmen für die Führung in der Digitalisierung. (Quelle: eigene Darstellung)

3.1   Drei Kernaspekte von Führung in der Digitalisierung

Als drei Kernaspekte von Führung lassen sich spürbare Sicherheit, Selbststeuerung und die Definition klarer Leitplanken betrachten. Um zu verdeutlichen,
worum es im Kern dabei jeweils geht, werden die Aspekte nachfolgend anhand
von einem oder mehreren konkreten Beispielen beschrieben und kommentiert.
Um sie auf die eigene Führung anwenden zu können, werden Fragen zur
Reflexion gestellt.

3.1.1   Spürbare Sicherheit

Fußballverein

Folgendes hat sich aus der Außenperspektive ereignet: 2008 kam ein junger Spieler in die Mannschaft der Borussia Dortmund (BVB)und des damals schon sehr starken Trainers Jürgen Klopp. Der junge Mann wurde in den folgenden drei Jahren zu einer der Leitfiguren des erfolgreichen Vereins und krönte den Erfolg 2011 mit dem Gewinn der Deutschen Meisterschale. Er hatte großes Talent, war kreativ auf dem Platz und machte das Spiel nach vorne hin gefähr-lich. So wurden auch andere, noch größere Vereine, auf den jungen Nuri Sahin aufmerksam. Kein geringerer Club als Real Madrid schaffte es, sich das Talent zu sichern. Doch der steigende Druck zu Perfektion, zum Gewinnen verdammt zu sein und nichts weniger als die persönliche Topleistung abgeben zu müs-sen, ließ Sahin zunehmend auf seine Schwächen und seine Fehler schauen. Diese Fehler waren auf einmal nicht mehr ein willkommener Teil des Spiels, die ihm ermöglichten, wieder etwas kreatives Neues daraus zu lernen, sondern sie durften nicht mehr passieren. Als Konsequenz schien die Qualität des jun-gen Mannes auf dem Platz zurückzugehen. Er wurde relativ schnell an einen anderen großen Verein verkauft, der ebenfalls nicht lange an ihm festhielt, sodass schon zwei Jahre nach seinem Weggang in Höchstform ein sehr ver-unsicherter Spieler zurück zum BVB kam. Nach kurzer Zeit merkte Jürgen Klopp, was den einst so starken Spieler verunsicherte. Daher gab er ihm einen Freifahrtschein, die Pässe zu spielen, die nicht unbedingt ankamen. Ob es funktionierte oder nicht, er (Nuri Sahin) würde deswegen nicht aus dem Spiel genommen. Klopp wusste, wozu Sahin fähig war, und er wusste auch, dass dieses nicht mit Druck aus ihm heraus zu kitzeln war. Kreativität entsteht nicht in einem perfektionistischen Umfeld. Kreativität und Lernen findet besonders dann statt, wenn man Fehler machen darf. Nuri Sahin wurde schnell wieder zu einer wichtigen Größe im BVB, auch wenn er an seine ganz unbelastete und freie kreative Spielweise nicht wieder ganz anschließen konnte.◄

Das Spannende an diesem Beispiel ist die Beobachtung, wie ein und dieselbe Per-son in zwei unterschiedlichen Kontexten eine komplett andere Leistung erbringt. Die Spieltechnik und die Fertigkeit, mit dem Ball umzugehen, hatte Sahin die ganze Zeit, doch das Selbstvertrauen und die daraus entstehende Kreativität war ihm in dem einen Kontext möglich, während sie in dem anderen verhindert wurde. Die gefühlte und spürbare Sicherheit ist der entscheidende Unterschied. Sie ist die Grundlage dessen, ob ein Mensch sich wagt, Dinge auszuprobieren, auch wenn mal etwas danebengehen sollte, oder ob dieser Mensch lediglich versucht, nicht aus dem Rahmen zu fallen. Im Fußball und besonders für einen Verein wie Real Madrid scheint es ein Leichtes zu sein, nur jene Menschen auszuwählen, die trotz des Drucks ihre Kreativität abliefern können. Doch es ist vermutlich eine verschwindend kleine Anzahl von Spielern, die diese Fähigkeit besitzen.

Ähnlich gilt dies für die Beziehungsgestaltung im Businesskontext. Eine perfektionistische Führungsweise mit hoher Kontrolle und der defensiven Haltung des konstanten Blicks auf mögliche Themen, »die uns auf die Füße fallen könnten«, führt zu Menschen, die ihren Kopf unter dem Radar halten. Sie wollen nicht auffallen und arbeiten in sauberer Manier ab, was ihnen vorgesetzt wird. Sie bleiben in diesem Umfeld aber weit unter ihren eigentlichen Möglichkeiten und Organisationen profitieren von ihnen weitaus weniger, als es möglich wäre. In Teams sinkt die Gesamtkreativität, Fähigkeiten werden nicht weiter ausgebaut und auf Dauer hochmotivierte Teams wird man hier vergebens suchen.

Fragen

Frage zur Reflexion: Was wäre, wenn Sie es schaffen, in Ihrem Team spürbare Sicherheit zu erzeugen, in der jedes Teammitglied die eigenen Stärken täglich einsetzt und es wagt, die kreativen und neuen Dinge anzugehen, die zwar zu Fehlern führen könnten, jedoch gleichzeitig das Potenzial für etwas Großes haben? Wie würden Sie sich selbst in folgenden Aspekten bewerten?:

- Stärkt emotionale Nähe trotz räumlicher Distanz.
- Fördert den virtuellen Auftritt des Teams (nutzt soziale Medien).
- Sorgt für spürbare und echte Sicherheit.
- Fördert Kreativität und schafft Freiräume für Kreativität.

3.1.2 Sinn und Vision vermitteln

Recup (Pacahly, 2020)

Vor einigen Jahren saß ein junger Mann mit seiner Freundin in der Mensa seiner Universität. Er hatte sich gerade einen frischen Becher Coffee to Go geholt. So kam er mit seiner Freundin darüber ins Gespräch, dass dieser Becher nicht recycelt werden kann, weil das Papier mit Kunststoff überzogen ist und es zu teuer wäre, die Materialien wieder voneinander zu trennen. Dann machte ihn seine Freundin darauf aufmerksam, dass man in Deutschland recyceltes Papier nicht für die Herstellung dieser Becher nutzen dürfe, da dort ja Lebensmittel hineingefüllt würden und deshalb besondere Auflagen bestünden. Florian war erstaunt und dachte, dass man da etwas tun müsse. Die Idee war geboren, dieses Problem zu lösen.

Heute hat Florian ein Unternehmen mit dem Namen Recup, das es ermöglicht, über ein Pfandsystem in Cafés, Bäckereien, an Tankstellen und gegebenenfalls auch in Fast-Food-Restaurants Becher mitzugeben, die an der nächsten Stelle wieder abgegeben werden können.

Die 50 Menschen, die sich in seiner Organisation darum kümmern, die Cups und heute auch Bowls in der Welt zu verbreiten, brennen alle für den Sinn dieser Organisation. Die wichtigste Kennzahl, mit der Florian seine Organisation führt, ist die Anzahl der bisher ersetzten Becher. Somit ist eine entscheidende Orientierungsgröße für das Management geschaffen.

https://www.youtube.com/watch?v=AVhagGrBWbY◄

In diesem Fallbeispiel lässt sich wunderbar erkennen, dass es ein Unterschied ist, ob man versucht, einen Sinn zu definieren, oder ob man wirklich einen Sinn hat und diesen täglich mit aller Kraft zu erfüllen sucht. Er ist etwas, das sich nicht von außen erzeugen lässt und bei dem sich fehlende Konsistenz negativ auswirkt: Oft wird mit dem Management in einer Organisation in intensiven Workshops der Sinn herausgearbeitet, für den sie ernsthaft einstehen wollen. Wenn dies nicht Gegenstand der KPI ist, und in den Kennzahlen nicht sichtbar wird, kann sich jeder selbst vorstellen, was mit dem Fokus der eigenen Organisation passiert: Der Hauptfokus der Organisation richtet sich nach wie vor an anderen, kopierbaren Kennzahlen aus, seien es Umsatz, EBIT, Wachstum oder dem Shareholder Value.

Mit dem vorausgehenden Beispiel sollen nicht jene bestätigt werden, die fehlenden Sinn und Kennzahlen vorschieben, um inaktiv zu bleiben. Vielmehr soll verdeutlicht werden, dass jeder Einzelne, jedes Teammitglied und jede Führungskraft im Rahmen der eigenen Verantwortung den Sinn leben muss. Sinn kann nicht von einer Geschäftsleitung erzeugt werden – aber er lässt sich vermitteln. Chief Executive Officer (CEOs) haben die Möglichkeit, den Sinn der eigenen

Organisation zu formen. Auch im Topmanagement reicht es nicht aus, den Sinn lediglich zu proklamieren, sondern er muss auch auf dieser Ebene so verinnerlicht sein, dass er in unterschiedlichen Situationen gelebt wird. Eine wichtige Bedeutung kommt den bestimmenden Unternehmenskennzahlen zu.

Nicht zuletzt ist es uns wichtig aufzuzeigen, dass eine sinnorientierte Führung nicht ausreichend durch jährliche Sinn-Workshops entsteht, deren Ergebnisse dann an die Wand gehängt, auf den Schreibtisch gestellt oder als Bildschirmhintergrund verwendet werden. Sinnorientierte Führung fängt vielmehr dann an, wenn wöchentlich Methoden eingesetzt werden, die dem gesamten Team die Möglichkeit geben, den Sinn in der Realität zu erfahren.

Fragen

Frage zur Reflexion: Was wäre, wenn Ihr gesamtes Team konstant mit dem Bestreben arbeiten würde, einen größeren Sinn zu erfüllen, und sich regelmäßig in die Situation hineinversetzen würde, wie die Welt aussähe, wenn der Sinn bereits erfüllt wäre (oder/und den Weg dorthin schon im Kopf verankert hätte)? Wie würden Sie sich selbst in folgenden Aspekten bewerten?:

• Hilft dem Team, einen gemeinsamen Sinn zu finden und täglich aufrechtzuerhalten.

3.1.3 Klare Leitplanken für Verantwortung

Liip

Sehr früh hatte sich die Geschäftsleitung von Liip dazu entschlossen, auf Selbstorganisation zu setzen. Es gibt keine hierarchische Beziehung zwischen den Menschen. Der Erfolg gab ihnen recht: Umsatz, Wachstum, Gewinn stiegen sehr schnell und blieben auf einem Allzeithoch.

»Die größte Menge an Menschen in unserer Organisation wollte nicht geführt werden und will nicht führen« (T. Zemp, persönliche Kommunikation, 04.10.2019) – das war eine der wesentlichen Ursachen für Holokratie. Womit eine Abschaffung der herkömmlichen hierarchischen Organisationsstrukturen gemeint ist. Die Struktur selbst bildet sich in Rollen, Circles usw. ab. Aus jedem Circle werden Vertreter für die Beteiligung in höheren und benachbarten Circles gewählt. Diese Vertreter sind gleichberechtigt zu den anderen Kreismitgliedern. Somit wird die gleichberechtigte Kommunikation top-down und bottom-up gestärkt. Viele der kreativen Experten in traditionellen Organisationen haben Schwierigkeiten, sich von weniger kompetenten Personen führen zu lassen, sie wollen selbst aber auch nicht führen, da sie dies als minderwertige Aufgabe betrachten.

Die komplette Übernahme von Verantwortung und Entscheidungen ist nach Auffassung von Tonio Zemp der »krasseste Part« in der Umsetzung von Holokratie. Er bezeichnet sich seit der Umstellung selbst als **ehemaliges** Mitglied der **ehemaligen** Geschäftsleitung. Diese bedeutende Veränderung ist nicht nur ein Wortspiel und auch nicht nur einfach, denn für viele kommt die Einführung von Holokratie zunächst einem »Zwang« gleich, da nun selbst Entscheidungen getroffen werden müssen und ein gewisser Service des Managements entfällt. Nach und nach veränderte sich die Frage nach den Vorstellungen von Tonio zu der Frage, was die Organisation nach Einschätzung der Verantwortlichen selbst braucht. (T. Zemp, persönliche Kommunikation, 05.10.2018).

Dies betrifft z. B. die Frage, ob, wofür und wie das Geld ausgegeben werden soll. So waren zu Beginn der Einführung von Holokratie die Organisationsmitglieder fast zu zurückhaltend darin, Geld auszugeben. Zwar ist in der Governance festgehalten, dass jede Rolle ihr Budget definiert und über Ausgaben bestimmen darf. Es war teilweise aber eine Hilfestellung nötig, dass dies dann auch ausgegeben wird. Auch war zu klären, dass das Geld nicht zwangsläufig beim günstigsten Anbieter auszugeben ist und dass Entscheidungen entlang der geteilten Überzeugungen und Wertvorstellungen getroffen werden. Die vereinbarten Spielregeln umfassen u. a. die Bevorzugung lokaler Anbieter, den Vorrang von Qualität und Fairtrade vor Kosten sowie formale Anforderungen an die Erstattbarkeit von Auslagen. Ein weiteres Beispiel ist Weiterbildung, deren Bedeutung möglicherweise aus Begeisterung für das unmittelbare Business und Tagesgeschäft von den Organisationsmitgliedern selbst vernachlässigt wurde. Um ihrer Bedeutung genügend und nachhaltig Rechnung zu tragen, wurde eine eigene Rolle geschaffen. (T. Zemp, persönliche Kommunikation, 18.05.2021).◄

Im Beispiel bekamen die Mitarbeitenden nicht nur einen luftleeren Raum, in dem sie auf einmal alle Entscheidungen treffen mussten, sondern sie wurden auch durch klare Leitplanken in ihrer neu gewonnenen Verantwortung geleitet. Erst diese Kombination ermöglichte es den Mitarbeitenden, selbstorganisiert Entscheidungen zu treffen, wo sie getroffen werden mussten, ohne erst mit aufwendigen Präsentationen auf anderen Hierarchieebenen Entscheidungen zu erbitten.

Upstalsboom (Janssen, 2017; Gaukler, 2016)

Über die durch Bodo Janssen und »die stille Revolution« bekannt gewordene Hotelkette Upstalsboom wurde viel geschrieben und so mancher Fernsehbericht gedreht. Nicht ohne Grund, da auch sie ein Beispiel dafür sind, dass der Sinn und die Selbstverantwortung gestiegen sind, und alle Kennzahlen den Erfolg dieser Entwicklung in beeindruckender Weise belegen: Mitarbeiterzufriedenheit um 80 % erhöht, Kosten reduziert, Mitarbeiterfluktuation deutlich verringert und den Umsatz nahezu verdoppelt! Aber um dahinzukommen, mussten sie sich genau von dem Management über diese Kennzahlen abwenden, so Janssen.

Bis 2010 war er ein großer Anhänger von Fredmund Malik und dem Management durch Kennzahlen. Sein Dashboard war die Grundlage für die zu treffenden Entscheidungen. Dann hat er über eine anonyme Mitarbeiterbefragung erfahren, was die Menschen in seiner Organisation wirklich dachten: Es gab Aussagen wie »Alles, was ich nicht brauche, ist mein Hoteldirektor« oder »Unser Küchenchef wirft mit Pfannen nach mir, das will ich nicht!« oder »Unsere Hausdame schikaniert mich jeden Tag, ich habe Angst, zur Arbeit zu gehen«. (Gaukler, 2016) Das, was Bodo Janssen nach seinen Worten besonders die Augen geöffnet hat, war die Aussage: »Bodo Janssen muss weg.« (Janssen, 2017).

Ab jetzt veränderte sich etwas in ihm. Er suchte gemeinsam mit seinem Personalleiter Bernd Gaukler Wege, um etwas zu verändern, und kam durch seine persönliche Reflexion dazu, sich selbst zu hinterfragen. Insbesondere, so sagt er heute, haben zwei Aussagen ihn beschäftigt: »Führung ist eine Dienstleistung und kein Privileg« und »Nur wer sich selbst führen kann, kann auch andere führen!« (Janssen, 2017).

Damit gestartet, kam er nach einiger Zeit zu der Einsicht, die seither ihn und seine Organisation prägt. »Ich habe verstanden, dass ich als Unternehmer Mittel zum Zweck Menschenerfolg bin!« Die Frage dahinter ist: «was bedeutet für unseren Kunden erfolgreich zu sein und was bedeutet für unsere Mitarbeiter erfolgreich zu sein?». (Janssen, 2017)

https://www.youtube.com/watch?v=c1TwxZhTPN0
https://www.youtube.com/watch?v=c1TwxZhTPN0◄

Im Beispiel wurde hinter die Kulisse geschaut und nicht auf das vordergründige Verständnis von Erfolg. Im Kern, so scheint es, steht hier immer »die Frage der Haltung«. Auf jeder Ebene und mit jedem Mitarbeitenden wird jährlich intensiv an der eigenen Haltung gearbeitet. Natürlich ist durch diese veränderte Haltung auch die Selbstverantwortung der Menschen in der Organisation gestiegen und die Führungskräfte haben die Übernahme der gesteigerten Selbstverantwortung unterstützt. Während z. B. früher der Hoteldirektor entschied, welches Angebot im Spa den Gästen zur Verfügung gestellt werden sollte, entscheiden das jetzt die Mitarbeitenden im Spa selbst. Wer sonst kennt die Gäste und kann einschätzen, was für sie Erfolg durch eine Behandlung im Spa bedeutet?

Handelsbanken (Schweden) (Handelsbanken, 2021)

1871, vor nunmehr 150 Jahren, wurde in Stockholm eine Bank gegründet. Diese wurde wie eine herkömmliche Bank aufgebaut und geführt. Sie schaffte es aus der lokalen Lage als Stockholms Handelsbank, immer weiter zu wachsen, um über die Grenzen Stockholms und später auch Schwedens hinaus zu expandieren. In den 1960er Jahren hatten sie eine schwere Krise. Eine richtige Wende und der neue Aufstieg der Bank gelangen allerdings erst mit einem komplett neuen Führungsstil. Jan Wallander war es, der Anfang der 1970er Jahre zum CEO der Organisation wurde und ein neues Konzept mitbrachte. Er war der Überzeugung, dass Menschen von Natur aus gute Dinge tun wollen und können. So wendete er sich von dem strikten Management ab, bei dem über Kennzahlen versucht wird, die Organisation wie eine Maschine zu steuern, und baute einen neuen Rahmen, in dem jedes Team selbstständig Entscheidungen treffen konnte. Heute sagen sie von sich: »Wir vertrauen darauf, dass unsere Kollegen in der gesamten Bank bessere Entscheidungen treffen, als es jede Hierarchie vermag. Wir arbeiten offen zusammen und respektieren die unterschiedlichen Beiträge der anderen für ein gemeinsames Ziel und eine gemeinsame Kultur.«

Aber auf welcher Basis sollte die Selbstorganisation stattfinden? Dazu wurde nur ein einziges Ziel definiert und zwei Hilfsmittel, mit denen dieses Ziel erreicht werden sollte. Die gesamte Geschäftsstrategie fußt auf diesem einen Ziel.

Das Ziel: »Wir wollen profitabler sein als der Durchschnitt unserer Wettbewerber.«

Zur weiteren Orientierung, wie dieses Ziel erreicht werden sollte, helfen den selbstorganisierten Teams diese beiden Hilfsmittel:

1. »Wir wollen zufriedenere und loyalere Kunden haben als unsere Wettbewerber« und
2. »Wir wollen konsequent bessere Kontrolle über unsere Kosten haben.«

Diese beiden Hilfsmittel geben mehr Anhaltspunkte, wie ich handeln und entscheiden kann, als man auf den ersten Blick erahnen mag.

Sagen wir, Ihr Kunde benötigt eine gute Beratung. Beratung findet in Banken herkömmlich so statt, dass einstudiertes **Verhalten** Effizienz ermöglicht und man standardmäßig die Beratung der Kunden optimiert. So wurde betrachtet, wie ein Gespräch verläuft, in dem ein guter Geschäftsbeitrag getätigt wurde, also viel Umsatz generiert werden konnte. Danach wurde auf diese Gespräche geschult. Man versuchte, herauszuarbeiten, mit welchen Produkten man besonders viel Gewinn machen konnte, und lobte dann bei den Kundenberatern Boni für diese Produkte aus. Das ging so weit, dass man einen Orientierungswert angab, wie lange ein Beratungsgespräch dauern sollte. Um neue Verkaufsoptionen zu generieren, wurden Sätze unmittelbar antrainiert, die nicht zwangsläufig etwas mit den Wünschen des Kunden zu tun haben mussten, und mit denen der Bankberater das im Gespräch dann angepriesene Produkt gezielt anmoderierte.

Die schwedische Handelsbank hat sich hingegen die Frage gestellt: »Wenn Du nun die Marschroute der zufriedenen und loyalen Kunden verfolgst, wie würdest Du dann **handeln**? Ist es sinnvoll, den Verkauf mit Boni anzukurbeln, zu versuchen, dem Kunden Produkte ›unterzujubeln‹ etc.?« (Handelsbanken, 2021).

So werden in den Handelsbanken keine Boni ausgelobt, keine Verkaufskampagnen geschaltet oder Produkt-Verkaufsziele festgelegt. Sie setzen den Kunden an die erste Stelle, nicht irgendein Produkt. Es geht immer darum, dem Kunden einen echten Mehrwert zu bieten. Es muss keiner erst um Erlaubnis fragen, um dem Kunden ein gutes Angebot für die langfristige Entwicklung seiner Vermögenswerte zu eröffnen. Die angebotenen Produkte fußen auf Nachhaltigkeit. Doch zuerst kommt das Verständnis des Kunden. Nur wenn dieser als Individuum wahrgenommen wird und die Bedarfslage der Kunden verstanden worden ist, hat man die Möglichkeit, selbstorganisiert passend zu beraten und zu begleiten.

Und wie erfolgreich ist das? Seit der dezentrale Organisationsansatz gestartet wurde, haben sie zufriedenere Kunden, eine bessere Effizienz und eine höhere Profitabilität als ihre Wettbewerber. »Wir halten konstant eines der höchsten Kreditratings aller Geschäftsbanken.« (Handelsbanken, 2021). https://www.handelsbanken.com/en/about-the-group/our-story◄

Die drei Beispiele zeigen deutlich auf, dass die Leitplanken in selbstorganisierten Organisationen sehr unterschiedlich gesetzt werden können. In jeder dieser Organisationen hat die gesteigerte Selbstverantwortung zu mehr und deutlichem Erfolg geführt.

In jeder dieser Organisationen findet Führung statt, auch wenn es die »Bosse« nicht mehr gibt, deren Einflussnahme sich ausschließlich auf Basis hierarchischer Befugnis ereignet. Führung findet auch in komplett selbstorganisierten Teams statt. Die Einflussnahme basiert auf sachlichen Anforderungen und Expertise und mäandriert oft unbewusst zwischen den Organisationsmitgliedern. Ihre Gegenseitigkeit setzt genauso die Bereitschaft voraus, selbst Führung zu übernehmen und der Professionalität anderer Respekt entgegenzubringen. Psychologische Sicherheit ist ihre Basis.

Zunächst gehört dazu die Sicherheit, dass die Führung die Vorgehensweise und die getroffenen Entscheidungen des Teams unterstützt und nicht in klassische Verhaltensweisen zurückfällt. Sie muss auch bei negativen Konsequenzen verantworteter Entscheidungen konsistent zur übertragenen Autonomie bleiben und kann so weit gehen, dass niemand eine Kündigung erhält, sondern nur selbst kündigen kann.

Spielregeln der Zusammenarbeit schränken zwar individuelle Autonomie ein und könnten widersprüchlich zur Selbstorganisation erscheinen. Allerdings kommt man zum Zweck eines gemeinsamen Handelns und der Reduzierung von Unsicherheit nicht an diesem notwendigen Rahmen vorbei. Anders als früher sind nun aber alle dafür verantwortlich, diesen mitzugestalten, und benötigen im Gegenzug ehrliche Entscheidungsfreiheiten.

Wichtig ist es, dass der notwendige Verständigungsprozess darüber in Gang kommt, dass die Organisationsmitglieder den Rahmen selbst abstecken und immer wieder reflektieren, ob er passt. Im Beispiel von Liip war eine Verständigung darüber notwendig, welche Wertvorstellungen – neben den Businesszielen – Raum bekommen sollen und wie dies geleistet werden kann. Im System der Holokratie sind es erlebte »Spannungen«, die alle Organisationsmitglieder dazu ermächtigen, die Reflexion bestehender Spielregeln einzufordern. Es gehört zu den Pflichten, Veränderungen der Struktur vorzuschlagen, wenn etwas fehlt oder als nicht mehr passend erlebt wird.

Auch andere Organisationen sind mit der Frage konfrontiert, wie sich die Rahmenbedingungen für kreatives/situatives Handeln und zweckrationales/planungsorientiertes Handeln ausbalancieren lassen. Werden keine Spielregeln für Verantwortungsübernahme definiert, kann es genauso zu »Rosinenpickerei« kommen, wie dazu, dass der eigene Einsatz grenzenlos wird. Sowohl die Risiken für das Team als auch die Gefahr, dass sich Menschen selbst überlasten, können durch klare Leitplanken aufgefangen werden. Fehlt der Verständigungsprozess oder wird nach wie vor der Rahmen von einer hierarchischen Führung auferlegt, werden nicht die beabsichtigten Problemlösungspotenziale gehoben.

Deutlich wird aus den Beispielen auch, dass die Einführung von Selbstverantwortung trotz der sehr positiven Erfahrung und der großen Vorteile auch schmerzhaft sein kann, da sie auch mit der Übernahme von schwierigen Entscheidungen einhergeht. Man darf die schönen Entscheidungen mittreffen, Schnelligkeit entwickeln und erwirbt gleichzeitig die Pflicht, die schweren Entscheidungen nicht nur mitzutragen, sondern auch selbst zu treffen und für sie einzustehen. Anders als in einer Hierarchie lässt sich nicht mehr auf eine höhere Instanz verweisen. Hier liegt gleichzeitig einer der zentralen Schwachpunkte, wenn agile Teams in Organisationen eingebunden sind, die anteilig hierarchisch bleiben, also ein sogenannter »hybrider Weg« verfolgt wird. Verantwortung lässt sich abschieben.

Es ist zu erwarten, dass nicht jede Organisation dafür gemacht ist, komplett auf Hierarchie zu verzichten. Allerdings muss die Hierarchie dort ihre Grenzen finden, wo Selbstorganisation aufgrund von fachlicher Expertise gefordert ist, um in komplexen Kontexten erfolgreich arbeiten zu können. Führungskräfte sind demnach auch in Zukunft gefragt. Ihre Haltung, die Art des Auftretens und die Rollenvielfalt ändern sich aber. Es bringt besondere Anforderungen mit sich, wenn ein Teil der Gesamtorganisation sich vorbehält, traditionelles Verhalten und hierarchie- und statusbewusstes Auftreten aufrechtzuerhalten, während alle anderen Führungskräfte gezwungen sind, auf ihre Privilegien in Zukunft zu verzichten. Ein Kontext nach dem Motto »Hierarchiefreiheit ist gut für Euch, aber nicht für uns« führt unausweichlich zu Dissonanzen und dazu, dass sich an der Schnittstelle Hierarchie und Selbstorganisation die Verantwortlichen aufreiben. Sinnvoller wäre hier die gemeinsame Erarbeitung eines ganzheitlichen Konzepts, das auf jeder Ebene die erforderlichen Freiheitsgrade auf der Basis von Vertrauen in und Respekt vor Wissen und Können gewährt, und das zu mehr Selbstverantwortung, mehr Geschwindigkeit und mehr Freude an der Arbeit führt.

Letztlich muss dann auch eine Verständigung darüber stattfinden, wenn Personen absolut nicht zur gewählten Form der Selbstorganisation passen (siehe dazu auch Häusling, 2018).

In einem Umfeld ohne Hierarchie muss es beispielsweise neue Wege geben, um statusbewussten Personen eine wertvolle Erfüllung ihrer Bedürfnisse zu ermöglichen. Der Status, der aus der Position erwächst, ist nicht mehr vorhanden, aber eine Zunahme an Verantwortlichkeit kann sich in Projektkarrieren ereignen. Im Alltag stellen agile Arbeitsweisen traditionelle Vorstellungen von Führung »auf den Kopf«.

Da die Teams viel selbstverantwortlicher arbeiten, sind es jetzt nicht mehr die Führungskräfte, welche die Mitarbeitenden zur Zielerfüllung einbeziehen und einbinden, sondern die Teams beziehen nach eigener Entscheidung ihre Führungskräfte mit ein, um Unterstützung zur Zielerreichung zu erhalten. So könnte es dem Team z. B. ein Anliegen sein, die Kreativität der Führungskraft mitzunutzen, ihre Fachexpertise zu hören oder Wege innerhalb oder außerhalb der eigenen Organisation geöffnet zu bekommen.

Fragen

Frage zur Reflexion: Was wäre, wenn Sie Ihren Teams die notwendige Selbstverantwortung zugestehen könnten? Welche Rituale und Steuerungsinstrumente benötigen Sie dafür? Welche Ihrer heutigen Rituale und Steuerungsinstrumente sind dafür unbrauchbar oder sogar absurd? Wie würden Sie sich selbst in folgenden Aspekten bewerten?:

* Überlässt den Experten ihre Verantwortung.
* Lässt die Teams gelten und entscheiden, wie sie etwas tun.

3.2 Voraussetzungen der Verankerung: Kommunikation und Vorbild

Transparente Kommunikation und ein überzeugendes Argumentieren, Entscheiden und Handeln sind wesentliche Voraussetzungen dafür, die genannten Kernaspekte von Führung in der Gesamtorganisation zu verankern.

Familienunternehmen

Dem Chief Digital Officer (CDO) eines bedeutenden familiengeführten Industrieunternehmens im ländlichen Raum war es ein Anliegen, traditionelle Denkmuster zu durchbrechen sowie Arbeitsweisen und Geschäftsmodelle zukunftsfähig werden zu lassen. Er wollte deutliche Zeichen setzen, Menschen befähigen und wichtige Verhaltensweisen vorleben!

Also richteten sie, neben anderen Maßnahmen, eine Austauschrunde ein, in der einmal pro Monat vom Vorstand an alle Mitarbeitenden Informationen fließen sollten.

20 min der insgesamt auf eine Stunde angesetzten Besprechung sind für aktuelle Entwicklungen von Seiten des Vorstands vorgesehen. Während dieser 20 min dürfen die Mitarbeitenden Fragen in eine App namens »Slido« eintragen. Alle Teilnehmer können die Fragen in der App sehen und sie bewerten. Durch einen Daumen nach oben erhält die Frage eine größere Relevanz und rutscht auch auf der Prioritätenliste nach vorn.

»Selbstverständlich« sagte der CDO, »waren ganz oben die wirklich brisanten Fragen zu finden. Es ging hier z. B. um Fragen zur Werksschließung oder anderes, was direkt den Arbeitsplatz betreffen könnte.« Der CDO machte eine bedeutungsvolle Pause. »Direkt in unserem ersten Meeting kam die Frage auf den Tisch, ob wir in Russland ein Werk schließen. Das war ein entscheidender Moment, in dem man auch als Vorstand erst mal schlucken muss.«

Jetzt hätten wir die Antwort geben können, dass wir generell unsere Standorte immer analysieren und überlegen müssen, wie wir die Leistungsfähigkeit unseres Unternehmens weiter hochhalten. Entscheidungen zur Schließung gebe es allerdings bisher für keinen Standort. Das wäre eine politisch saubere Antwort, die in der Situation vielleicht sogar stimmt und wie sie in den meisten Unternehmen gegeben wird.

Doch wenn wir gerade ernsthaft darüber nachdenken, diesen Standort zu schließen, und wir das in dieser Situation nicht sagen, geben wir den dort handelnden Personen nicht die Möglichkeit, Entscheidungen auf Basis der aktuellen Situation zu treffen. Vielleicht würden die Führungskräfte mit der politischen Antwort vor Ort sagen: »Wir müssen noch fünf Leute einstellen, um unsere Produktion besser aufstellen zu können«, während die Transparenz über die wirkliche aktuelle Lage dazu führen würde, dass sie ganz andere Entscheidungen selbstständig treffen könnten.

Für den CDO war klar: »Wenn wir es ernst meinen mit selbstverantwortlichen Teams, müssen wir auch das Wissen geben, damit hochwertige Entscheidungen getroffen werden können!«◄

In diesem Beispiel wird deutlich, wie wichtig echte Transparenz im Verhältnis zu politischer Transparenz ist. Wenn Menschen in meiner Organisation ernsthaft unternehmerisch mitdenken und unternehmerische Entscheidungen treffen sollen, dann ist echte Transparenz über die Entscheidungsgrundlage zentral. Dies ist ein wichtiger Aspekt agiler Arbeitsweisen, bei denen die Selbstverantwortung der Menschen einen höheren Stellenwert erhält.

> **Fragen**
>
> *Frage zur Reflexion: Was wäre, wenn die Mitarbeitenden in Ihrem Team alle Informationen hätten, um selbstorganisiert arbeiten zu können und qualitativ hochwertige Entscheidungen zu treffen? Wie würden Sie sich selbst in folgenden Aspekten bewerten?:*
>
> - Sorgt für komplett transparente Kommunikation. Alle Informationen, die jedes Teammitglied benötigt, um weitreichende Entscheidungen selbst treffen zu können, sollten im Team offen sein.
> - Wird zu der Kraft, die versucht, für das Team den Weg freizumachen, damit das Team ihn selbst gehen kann.
> - Gibt immer den Rahmen bekannt, damit das Team die Themen vorantreiben kann.

Egal welches Verhalten man gerne bei anderen erzeugen möchte, man bekommt es nicht dadurch hin, dass man den anderen sagt, sie mögen sich bitte so verhalten.

Wenn eine Führungskraft dem neuen Mitarbeitenden sagt:»Du kannst mir gerne ganz offen sagen, was du gut und was du auch nicht gut findest. Es ist auch in Ordnung, wenn du das in großer Runde mir direkt sagst. Ich pflege eine offene Feedbackkultur!«, ist das erst mal eine wichtige Aussage. Erfährt dieser neue Mitarbeitende im nächsten Meeting, wie jemand ein offenes Feedback gibt und dafür abgestraft wird, so lernt die neue Person sofort, dass die offene Feedbackkultur nur eine Aussage ist – leben darf man sie nicht.

Genau darum ist es so entscheidend, dass der Dreiklang der Führung - Sinn - Sicherheit - Leitplanken- von allen Ebenen vorgelebt wird. Dabei spielt das Topmanagement eine entscheidende Rolle, da in aktuellen Organisationsstrukturen das Verhalten kaskadenartig auf alle weiteren Ebenen adaptiert werden kann.

Ist nur in einem Strang der Kaskade eine toxische Führungspersönlichkeit, so kann das den gesamten Teil der Kaskade, für den diese Führungskraft zuständig ist, in ihrem Handeln verändern.

Denken wir an den BVB und daran, dass Jürgen Klopp als damaliger Haupttrainer des Clubs einen kompletten Stab an Trainern verantwortete, die sich alle darum kümmerten, dass die Mannschaft letztlich auf dem Platz eine Topleistung abliefern konnte. So ist entscheidend, was diese Menschen von Klopp vorgelebt bekommen, wie er mit seinen Spielern umgeht, wie er einem Nuri Sahin Ängste nimmt und Sicherheit vermittelt. Dieses Vorleben des Haupttrainers ist ein Zeichen an die gesamte Führungsmannschaft, dass die erlebte Sicherheit eine Grundlage für den entstehenden Erfolg ist.

Das Beispiel von Florian und Recup zeigt, wie der Inhaber eines Unternehmens mit circa 50 Mitarbeitenden den Sinn seiner Organisation über die reinen betriebswirtschaftlichen Zahlen stellt. Auch betriebswirtschaftlicher Erfolg ist nicht losgelöst von dem Sinn. Somit entsteht durch jeden eingesparten Coffee-to-go-Becher auch ein entsprechender finanzieller Mehrwert. Wenn der Return on Investment (ROI) pro Becher nicht groß genug ist, kann man auch diese Kennzahl ergänzen und bleibt dennoch nah an der Ausrichtung auf eingesparte Becher. Florian lebt den Fokus auf Nachhaltigkeit vor und formt dadurch auch das Handeln der Menschen in seiner Organisation. Somit entsteht durch Vorleben eine Veränderung auf normativer Ebene und gleichzeitig auf operativer Verhaltensebene.

Auch in dem Beispiel des CDO können wir beobachten, wie der Vorstand eines bedeutenden Industrieunternehmens sowohl allen seinen Mitarbeitenden als auch der kompletten Führungsmannschaft vorlebt, was Transparenz in der Kommunikation für sie bedeutet. Ja, dieses Vorleben gestattet es den Führungskräften in der Organisation, in gleicher Weise zu handeln. Sie werden indirekt dazu aufgefordert, ihren Mitarbeitenden die Informationen zur Verfügung zu stellen, die sie benötigen, um selbstorganisiert Entscheidungen treffen zu können. Nebenher lösen sich dadurch auch alle Gruppierungen auf, die versuchen, sich über Informationsvorsprung eine gewisse Macht zu sichern. Es entsteht mehr Geschwindigkeit, und politisches Taktieren wird reduziert. Vorleben von transparenter Kommunikation kann Großes bewirken und den Fokus auf das Wesentliche erhöhen.

Konkrete Vorgehensweisen für die Umsetzung digitaler Führung

4

»Es ist nicht genug zu wissen, man muss auch anwenden. Es ist nicht genug zu wollen, man muss auch tun!« (von Goethe, ohne Datum)

Offensichtlich haben auch die Menschen zu Zeiten von Johann Wolfgang von Goethe (1749–1832) schon ihre Schwierigkeiten gehabt,»ihre PS auf die Straße zu bringen«, wie wir heute sagen würden.

In diesem abschließenden Kapitel geht es darum, wie das neu erworbene Wissen nun in die Praxis umgesetzt werden kann.

Da es für das Thema »Corporate Change« umfassende Literatur gibt, wollen die Autoren damit nicht langweilen. Wichtig ist, dass ein neues und zukunftsweisendes Führungsverständnis von einem ganzheitlichen Changemanagement begleitet wird.

Es stellt sich im Rahmen von Change immer wieder die Frage, mit welchen Methoden das Führungsbild zur Umsetzung gebracht werden kann. Es gibt mehrere Ansatzpunkte, die zu einer Veränderung in Richtung des neuen Führungsbilds angegangen werden sollten (siehe Abb. 4.1). Zum Zweck ihrer aktiven Bearbeitung werden ausgewählte Methoden vorgeschlagen, die dem Führungsbild entsprechen und eine spürbare Verankerung fördern.

4.1 Kernbereich Kultur und Mindset: die persönliche innere Haltung

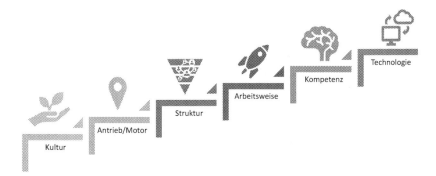

Abb. 4.1 6 Kernbereiche zur Veränderung von Führung ins digitale Zeitalter. (Quelle: eigene Darstellung)

Kulturelle oder haltungsbezogene Veränderungen sind langwierig, und es bedarf immer wieder Interventionen. Die Beispiele sollen illustrieren, welche Art von Interventionen hilfreich sein können.

4.1.1 Glaubenssätze

Oft sind es bestehende Glaubenssätze und Werte, die dazu führen, dass die Beteiligten eher in der alten Welt gefangen bleiben. Zu ihnen zählen beispielsweise »Ober sticht Unter«, »Veränderungen sind in unserem Laden nicht möglich«, »nur wer anwesend ist, ist auch produktiv«, »die da oben verstehen nicht, was das wirkliche Geschäft ist«, »die da unten können gut ausführen, aber nicht gut mitdenken«, »im Grunde sind die Menschen faul« oder »am Ende muss ich alles selbst machen«. Aus dieser inneren Haltung entsteht Verhalten. Entsprechend stellt sich die Frage, wie man die Glaubenssätze verändern kann.

Ein mögliches Vorgehen, das seit langem im Coaching eingesetzt wird, kann auch für Organisationsentwicklung genutzt werden. Wir nennen das Vorgehen »Power of Corporate Beliefs«. Folgende Schritte werden dabei durchlaufen:

Übersicht

a. Glaubenssätze finden: Es wird in Workshop-Gruppen erarbeitet, welche Glaubenssätze heute in der Organisation bestehen. Die Gruppengröße und die Zusammensetzung sind danach zu wählen, wie leicht es in dieser Organisation fällt, solche Themen offen zu besprechen.

b. Priorisierung der Glaubenssätze entlang der Fragestellung: »Welche sind für unsere Organisation die wichtigsten, die wir verändern müssten, wenn wir in der Zukunft nach dem neuen Führungsbild arbeiten wollen?«

c. Persönliche Anknüpfung entlang der Fragestellung: »Was haben diese Glaubenssätze mit mir zu tun?«

Dieser Schritt dient dazu, sich zunächst in Einzelarbeit in einen Glaubenssatz hineinzuversetzen, um sich dann ehrlich zu fragen, was dieser Glaubenssatz mit der eigenen Person zu tun hat. Danach werden in Kleingruppen die eigenen Erkenntnisse mit den anderen reflektiert. Die Ergebnisse können (müssen nicht) in der Gesamtrunde geteilt werden.

i) Projektion in die Zukunft entlang von »drei Zeiten«:
  - **Vergangenheit:** Erst wird in den gleichen Gruppen die Vergangenheit beleuchtet. Die Teilnehmenden überlegen sich Situationen, Bilder oder Szenen aus der Vergangenheit, in denen dieser alte Glaubenssatz gelebt wurde und die dann in der Gruppe ausgetauscht und besprochen werden. Wenn die für die Gruppe wichtigsten Bilder erkannt sind, sollte diskutiert werden, was das jeweils dadurch erzielte Ergebnis war.
  - **Gegenwart:** In diesem Schritt wird in der Gesamtgruppe ein Blick darauf geworfen, welche Verhaltensmuster aus diesen Glaubenssätzen in der täglichen Arbeit heute sichtbar oder welche Prozesse dadurch beeinflusst sind. Ist der Glaubenssatz auch heute noch stimmig? Alle Teilnehmenden können sich dazu die Frage stellen, ob dieser Glaubenssatz wirklich, wirklich, wirklich das ist, was sie glauben. Auch diese Erkenntnisse sollten untereinander ausgetauscht werden.
  - **Zukunft:** Jetzt gilt es für alle Beteiligten, einen Eindruck dessen zu gewinnen, was passieren würde mit der Organisation, mit

der Führung und mit ihnen selbst, wenn diese Glaubenssätze sich nicht veränderten. Genau wie in den Schritten zur Vergangenheit und Gegenwart ist es sinnvoll, jede Person den »Pain« (Schmerz) aus dem bestehenden Glaubenssatz spüren zu lassen. Je größer der »Pain«, desto höher die Weg-von-Motivation, um diesen Glaubenssatz nie wieder erleben zu müssen. Mit Aussagen wie »Ich könnte kotzen, wenn ich bedenke, dass dies in Zukunft genauso weitergeht« werden die echten Knackpunkte mehr als sichtbar. Sie werden spürbar.

ii) Was wäre, wenn: In diesem Schritt ist es Zeit, den Blick in Richtung neuer Glaubenssätze zu richten. Eine Leitfrage könnte sein: »Was würde passieren, wenn wir (ich) es schaffen würden (würde), diesen Glaubenssatz zu ändern?«

iii) Neue Glaubenssätze erarbeiten: Welche Glaubenssätze für die Zukunft am dienlichsten sind, kann in weiteren Einzelschritten konkret erarbeitet werden. Auch hier lohnt es sich, die Emotionen der Akteure an diese neuen Glaubenssätze zu binden, indem man sie dazu veranlasst, sich in die Situation gefühlsseitig hineinzuversetzen.

Sobald die alten Glaubenssätze ausreichend negativ aufgeladen sind, neue entwickelt und positiv belegt wurden, geht es um die langfristige Umsetzung. Hier hilft ein ganzheitliches Changemanagement-Konzept, das die Erinnerungen an das Erlebte konstant hochhält und regelmäßig Erfolge der neu gelebten Glaubenssätze sichtbar macht.

4.1.2 Fehlerkultur

Auch eine Fehlerkultur hat mit Glaubenssätzen zu tun, die in der Kultur der Organisation verankert sind. Um Glaubenssätze besonders auf die Fehlerkultur gerichtet zur verändern, sei hier die Methode der Fuck-up-Veranstaltungen erwähnt. Es geht dabei um eine offene Plattform, auf der öffentlich über das Scheitern gesprochen wird. Die vorgestellten Fälle sind in der Regel keine Nebensächlichkeiten. Es geht um existenzielles Scheitern, um Fehler, die einer Person mindestens eine Lebenssäule (z. B. Finanzen, Familie, Gesundheit, Entwicklung, Glaube) nahezu oder komplett zerstört haben. Gleichzeitig sind die erzählten Geschichten nicht nur sehr spannend, sondern gespickt mit humorvollen Momenten. Gerade im Rückblick können die Zuhörer gut nachempfinden, was die Menschen erlebt haben, darüber lachen und auch die gefühlte Ausweglosigkeit miterleben. Das fördert die Möglichkeit, aus dem ewigen »Berichten von Erfolgen« etwas auszubrechen und Misserfolge als wichtigen Schritt für den Weg zum nächsten Level sehen zu können. Das Vorgehen kann wie folgt aufgebaut sein:

- Es gibt eine kleine, klare Einleitung zu den Zielen und dem Aufbau der Veranstaltung.
- Circa drei Redner, optimalerweise angesehene Menschen aus der Organisation oder von außen, bekommen circa zehn Minuten. Die Zeitvorgabe wird gerne überschritten und ist dann sinnvoll, wenn die Zuhörer komplett im Bann der Vortragenden sind. Anschauungsmaterial ist ausdrücklich erwünscht.
- Nach den Vorträgen gibt es die Möglichkeit für das Publikum, weiter nachzufragen.
- Die Fragen dürfen dann bei einem Snack in lockerer Atmosphäre noch vertieft werden.

4.1.3 Offenheit und Transparenz

Die für agile Organisationsformen zentralen Merkmale der Offenheit und Transparenz können nur dann entstehen, wenn das Vertrauen besteht, sich verletzbar machen zu können. Denn sobald Transparenz entsteht, werden zwei Seiten einer Medaille sichtbar: Stärken und Schwächen.

Solange sich Menschen in meiner Organisation nicht trauen können, Schwächen zuzugeben, ohne dass ihre Aussagen mikropolitisch gegen sie verwendet werden, wird es keine Offenheit geben. Auch hier können Fuck-up-Veranstaltungen dazu beitragen, dass mehr Offenheit entsteht. Des Weiteren kann die Nutzung jeglicher Fragestellungen, die einen kleinen Schritt der Selbstoffenbarung beinhalten, dazu eingesetzt werden, dass die Menschen sich etwas verletzbarer zeigen. Wenn man dafür nicht attackiert wird, sondern Wertschätzung erfährt, entsteht Vertrauen.

Beispiele hierfür sind:

- die Nutzung von Persönlichkeitsprofilen, inkl. des dazugehörigen Austauschs.
- die Beantwortung von Fragen, die man ganz einfach in Teammeetings mit einbauen kann, wie »Mein tollstes Teamerlebnis«, »Mein bestes Meeting«, »Mein interessantestes Bewerbungsgespräch«, »Die größte Veränderung in meinem Berufsleben« etc.◄

Bei jeder Methode, welche die Transparenz und Offenheit fördern soll, ist es unerlässlich, die vorgelebte Praxis der Führungskräfte einzubinden. Wenn die Führungskräfte selbst Transparenz erzeugen und nicht mikropolitisch mit Einzelnen besondere Geheimnisse pflegen, auch nicht um Einzelne besondere Geheimnisse aufbauen oder bestimmte Informationen nur auf bestimmten Ebenen freigeben, sondern alle Informationen weitergeben, die für gute Entscheidungen gebraucht werden, dann ist die wichtigste Voraussetzung dafür gegeben, dies auch auf anderen Ebenen zu leben.

4.2   Kernbereich Antrieb

Die besten Mittel, um für Neues zu begeistern und dauerhaft hohes Engagement aufrechtzuerhalten, sind Sinnerleben und eine klare Zielvorstellung.

4.2.1   Sinnfokus

Die Empfehlung, mit dem eigenen Team gemeinsam Sinn zu finden und täglich aufrechtzuerhalten, wurde bereits am Beispiel von Recup vorgestellt. Wie lässt sich dies konkret machen? Viele Wege führen dorthin, viele unterschiedliche Gangarten bestehen, und eine Vorgehensweise muss letztlich zur jeweiligen Organisation passen. Nichtsdestoweniger soll durch dieses Buch mit einem konkreten

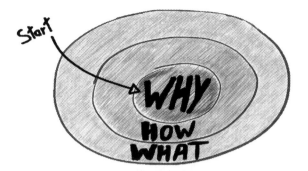

Abb. 4.2 Der »Golden Circle«. (Quelle: in Anlehnung an Sinek, 2011)

Beispiel ein direkter praktischer Nutzen und ein leichterer Weg zur Umsetzung ermöglicht werden.

Weiterentwicklungs-Workshop »Purpose«

- Eine Begrüßung und ein gutes Warm-up führen dazu, dass die Teilnehmenden physisch, gedanklich und emotional anwesend sind. Das Besondere am »Warum« wird vorgestellt. Der »Golden Circle« (Sinek, 2011, siehe Abb. 4.2) hilft, den Unterschied zwischen Warum, Wie und Was zu verdeutlichen. Viele Menschen setzen sich für das »Warum« umfassend ein, während Menschen, die für Geld arbeiten (das »Was«), »einen Job machen«.
- Suchprozess starten: In kleinen Gruppen werden Geschichten erzählt mit dem Fokus: »Warum waren wir besonders stolz, für unsere Organisation zu arbeiten?« Im besten Fall haben die Geschichten auch etwas damit zu tun, wofür die Firma steht. Für jede Geschichte werden Stichpunkte festgehalten. Die beiden Topgeschichten werden in der Gesamtrunde geteilt und es wird etwas vertiefend ihre Bedeutung erfragt, z. B. mit der Frage: »Was kommt bei Euch an, wenn Ihr das hört?«
- Spezifischen Beitrag herausarbeiten: Wieder in Kleingruppen wird mit einer Frage wie z. B. »Was war der spezielle Beitrag in Euren Geschichten, den Eure Organisation für das Leben anderer geleistet hat?« ein neuer Blick auf die emotionalen Beiträge geworfen. Es ist explizit nicht die Frage, welcher Mehrwert dadurch in der eigenen Organisation finanziell entstanden ist, da der wirkliche Sinn nicht in der Geldvermehrung liegt, sondern in dem Beitrag, der für andere geleistet wird.

- Während die Geschichten genauer beleuchtet werden, bekommt in jeder Gruppe eine Person die Aufgabe, Aktionssätze aufzuschreiben, die genau die Kernaktionen beschreiben, die den speziellen Beitrag für andere darstellen. Eine zweite Person schreibt die Verben mit, mit denen in den Erzählungen die entscheidenden Aktionen formuliert wurden.
- Anschließend werden in der Gesamtrunde die Aktionssätze und Verben gesammelt und kategorisiert.

- Auswirkungen auf andere: Wenn die Aktionen bekannt sind, wird für den echten Sinn auch noch die Auswirkung auf die anderen benötigt. Dazu dient eine Frage wie:»Was hat der Beitrag von Deiner Organisation anderen erlaubt oder ermöglicht zu tun, zu lassen, weiterzumachen oder zu sein?« Auch hier geht es nicht um Zahlen, sondern um die größere Auswirkung (z. B. auf andere Menschen). Auch diese Auswirkungen werden in der Gesamtrunde vorgestellt und für alle sichtbar gesammelt.

- Formulierung des »Why«: Es werden konkrete Sätze entwickelt, die das Warum der Organisation ausdrücken. Als Orientierung kann dieser Aufbau genutzt werden:»… (Beitrag) … (Verb), um … (Auswirkung)!« Um das etwas konkreter zu machen, hier ein Beispiel, wie das Warum von Recup aussehen könnte »Reduktion von Wegwerfartikeln, um die Umwelt auf unserem Planeten zu schonen und das Leben auch in Zukunft noch lebenswert zu machen.« Entsprechend kann ein Warum für jedes einzelne Team entwickelt werden.

Ist der Sinn Ihrer Organisation in einzelnen Workshop-Gruppen formuliert, kann er über die verschiedenen Gruppen hinweg zusammengeführt werden. Der Prozess kann beliebig groß oder klein aufgesetzt werden.

Die kleinste Version ist die Erstellung des »Warum« im Vorstand, um sie dann herunterzubrechen. Das macht den weiteren Change-Prozess allerdings aufwendiger, da es schwerer ist, einen Sinn zu teilen, an dem nicht selbst mitgewirkt wurde. Werden in der gesamten Organisation entsprechende Workshops durchgeführt und die Ergebnisse dann zusammengeführt, um gemeinsam Sinn zu entwickeln, so ist dies bereits ein wichtiger Schritt der Verankerung.

4.2.2 Zielbild

Mit »Zielbild« ist hier ein langfristiges, nahezu unerreichbares Ziel (»Vision«) gemeint. Die »Vision« ist das Bild von der Zukunft, das entsteht, wenn die Organisation ihren Sinn komplett erfüllen würde. Hier wird das Warum einfach weiter gedacht. Beispielhaft nehmen wir hier noch mal das Warum von Recup zur Hilfe. Ist unser Unternehmenssinn also, die Wegwerfartikel zu reduzieren, wäre die Vision eine komplette Erfüllung dieses Sinns z. B. »In ganz Deutschland sind alle Einmalverpackungen durch Nachhaltige Lösungen ersetzt worden!« Somit ist eine Vision letztlich ein nicht oder kaum erreichbares Bild unseres weiter gedachten Sinns. Die Erarbeitung dieses Zielbilds kann in entsprechenden Workshops, analog zu den Warum-Workshops, entstehen.

4.2.3 Veränderungslust

Erst wenn verstanden wird, wofür etwas gemacht wird, entsteht die Lust, sich darauf einzulassen. Methoden zur Steigerung der Veränderungslust erfreuen sich hoher Beliebtheit, da sie als notwendige Voraussetzung einer selbstlernenden Organisation betrachtet wird.

Veränderungslust, so glauben viele, hat etwas mit Selbstsicherheit zu tun. Das ist bedingt richtig, allerdings ist es nicht so, dass nur Menschen, die selbstsicher sind, sich verändern können – vielmehr wird eine Person mit jeder gelungenen Veränderung selbstsicherer. Umgekehrt führt auch Selbstsicherheit nicht automatisch zur Veränderungsbereitschaft.

Das Erfahren von Selbstwirksamkeit durch erfolgreiches Handeln ist selbst der Schlüssel zur Erhöhung der Veränderungslust (siehe Abb. 4.3).

Zwischen der eigenen Überzeugung, etwas ändern zu können, und der Lust auf Veränderung besteht ein enger Zusammenhang. Werden Initiativen immer wieder gebremst, so ist dies ein wichtiger Hinderungsgrund dafür, künftig »Neues« zu versuchen. Dies zeigt sich beispielsweise in vier Faktoren (Robbins, 2017):

1. **Hesitating (Zögern):** Wird durch Unsicherheit getriggert. Das führt zum Warten, das führt zum immer neuen Durchdenken. Das führt dazu, dass man es besonders perfekt machen möchte.
2. **Hiding (Verstecken):** Wird durch Angst getriggert. Das führt dazu, dass man den Austausch mit anderen Menschen vermeidet. (Beispiele: Ich weiß, wen ich anrufen muss, aber ich tue es nicht. Ich bin in einem Meeting, aber halte den Mund. Ich möchte jemanden treffen und sage es nicht.) Wer sich so versteckt, beginnt diese Dinge immer vor sich herzuschieben.
3. **Hypercritical (Überkritisch):** Wird durch Reaktionen auf vergangene Fehler getriggert. In der Konsequenz beginnt die Person, gegen sich selbst zu argumentieren. Das erzeugt einen Fokus darauf, warum man es nicht kann und was danebengehen könnte. Der eigene Stress bekommt eine gewisse Schärfe.

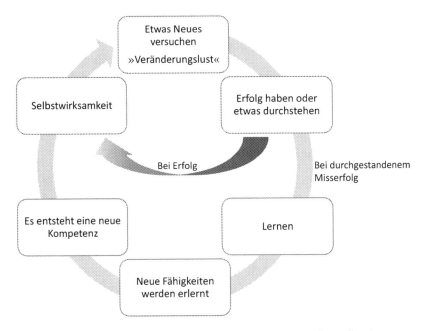

Abb. 4.3 Veränderungslust und Kompetenzgewinn. (Quelle: eigene Darstellung)

4. **Helplessness (Hilflosigkeit):** Spielt aktiv das Opfer. Meist kennt diese Person die Lösung, hat aber alle Entschuldigungen, warum es jetzt gerade nicht geht oder warum man selbst zu klein dafür ist oder warum es erst eine Entscheidung von jemand anderem braucht.

Für jede dieser vier Faktoren gibt es Methoden, um sie abzulegen und aktiv zu werden. Sobald die Menschen aktiv Neues ausprobieren, entsteht Veränderungslust. Folgende Maßnahmen können genutzt werden:

1. Jeden Morgen eine Sache aufschreiben, die man selbst tun kann, um etwas Neues anzugehen. Es können kleine Dinge sein, die z. B. nur fünf Minuten benötigen. Vorwärts ist vorwärts! Sobald man es aufgeschrieben hat, darf man dreimal tief durchatmen und »Los!«. Die Sache wird sofort angepackt. Sobald die Menschen sich selbst sehen und das,

was sie jeden Tag machen, sehen sie auch den Fortschritt und merken, dass sie zu einer neuen Version von sich selbst werden. Das erhöht die Motivation, diesen Weg zu gehen.

Diese Methode kann auch systematisch in einem Daily eingeführt werden und somit ein ganzes Team zu täglichen Veränderungsschritten bewegen.

2. Für Menschen, die sich verstecken oder überkritisch sind, hilft ein prototypisches Vorgehen (Genaueres dazu unter »Arbeitsweise« in Abschn. 4.4). Denn wenn wir mit einem Prototyp starten, ist es okay, noch nicht perfekt zu sein.

3. Ein typisches Problem ist der Blick auf die Vision, ohne konkret genug zu werden, wie diese heruntergebrochen werden kann. Es gilt daher, sie zu konkretisieren (siehe »Ansatzpunkt Arbeitsweise«, Abschn. 4.4).

4.3 Kernbereich Struktur

Eine wichtige Errungenschaft des Industriezeitalters war die Weiterentwicklung von Organisationsstrukturen. Es wurden bereichsspezifische Strukturen aufgebaut, die dem Effizienzgedanken folgend die jeweils besten Prozesse ermöglichen sollten. So konnte jeder Bestandteil des Systems wie eine Maschine auf Hochleistung getrimmt werden. Heute wird den allermeisten immer bewusster, wie wenig eine Organisation, in der Menschen arbeiten, einer Maschine ähnelt und wie viel mehr wir in unseren Firmen mit einem lebenden Organismus, wie einem gut organisierten Bienen- oder Vogelschwarm, gemeinsam haben. Lebende Organismen funktionieren anders und können z. B. entlang der folgenden Oberpunkte entwickelt werden.

4.3.1 Kundenorientiert

Eine wunderbare Methode, um den Blick für die konkrete Kundenorientierung zu fördern, ist die Nutzung von Design Thinking auf allen Ebenen und die damit verbundene Auseinandersetzung mit den Bedürfnissen der »Kunden« (auch interne Kunden).

Der Design-Thinking-Ansatz ist komplett auf die Lösung von Kundenproblemen ausgerichtet und ermöglicht auch kurzfristige Reaktionen und Optimierungen. Er kann hierarchieübergreifend eingesetzt werden und eröffnet den Blick für eine notwendige Ausdifferenzierung innerhalb der Strategie. Eine genauere Erläuterung zu der Methode ist unter »Arbeitsweisen« zu finden.

4.3.2 Silofrei

Die Auffassung, dass es erst einmal um den eigenen Verantwortungsbereich geht, ist auf jeder Ebene von Organisationen zu finden. Das kann im Kleinen, also innerhalb eines Teams, stattfinden. Häufig ist es allerdings auf Bereiche wie IT, Finanzen, Produktentwicklung, Personal, Produktion, Marketing, Vertrieb etc. gemünzt. Diese Auffassung wird durch die Unterteilung in entsprechende abgetrennte Abteilungen mit abgetrennten Budgets und zugeordneten Ressourcen aus dem Industriezeitalter geradezu provoziert. Die Projekte allerdings sind, solange sie sich nicht nur mit dem eigenen Bereich beschäftigen, in aller Regel übergreifende Themen, die von allen Seiten unterstützt werden müssten, um zu einem Erfolg gelangen zu können.

In zukunftsweisenden Strukturen sind diese Abteilungen, die eher als Schnittstellen statt als Verbindungsstellen gesehen werden, noch hinderlicher, als sie es im Industriezeitalter schon waren. Denn wenn wir in einer gewissen Geschwindigkeit passende Lösungen für unsere Kunden entwickeln, produzieren und vertreiben wollen, müssen die verschiedensten Expertisen gemeinsam an der Lösung mitwirken. Wichtig ist es, in der Struktur interdisziplinär zu arbeiten.

Als erster Schritt, um Silofreiheit zu fördern, können Pilotprojekte interdisziplinär, sowohl im eigenen Team als auch bereichsübergreifend, aufgesetzt werden. Solange die agierenden Personen allerdings noch in ihrem ursprünglichen Job berichten, wird die wirkliche Stärke von interdisziplinären Teams nicht zum Tragen kommen. Somit wäre ein Pilot erst dann geeignet, wenn ein entsprechendes interdisziplinäres Team nur für dieses eine Projekt arbeiten darf. Der Zeitraum sollte dabei durchaus begrenzt sein. Ist es nicht möglich, Personen zu 100 % für zum Beispiel vier Wochen aus ihrer Tätigkeit zu lösen, um ein wichtiges Projekt voranzutreiben, dann kann man alternativ komplette Tage (z. B. zwei Tage pro Woche) für die Zusammenarbeit vereinbaren.

4.3.3 Selbstorganisiert

Kirkpatrick (2013) stellt seinen Weg in die selbstorganisierte Firma Morningstar dar. Das Unternehmen ist mit diesem Ansatz binnen wenigen Jahren zum weltweit größten tomatenverarbeitenden Unternehmen geworden. Wie haben sie das gemacht? Sie haben sich frühzeitig zusammengesetzt, und der Gründer hat seinen Blick auf das Thema Zusammenarbeit mit den Mitgründern geteilt. In diesem Zusammentreffen sind zwei Grundregeln entstanden, die noch heute für Morningstar die Hauptregeln der Zusammenarbeit sind:

• Keine Person darf jegliche Art von Zwang auf eine andere Person ausüben.
• Menschen sollten ihre Commitments ehren.

Diese zwei Regeln haben enorme Auswirkungen, zum einen, da die Einführung über ein anderes Mindset an der Spitze der Organisation erfolgte, zum anderen, weil eine hohe Identifikation mit ihnen besteht. Damit ist ein entscheidender Weg zur Selbstorganisation die echte Mindset-Änderung an der Spitze der Organisation.

Denken wir eine Nummer kleiner und geht es erst mal darum, einzelne Bereiche oder Teams selbstorganisierter aufzustellen, so sind agile Zielsystematiken sehr hilfreich, wenn die Ziele tatsächlich nur zu Teilen von oben aufgenommen werden, während der größte Anteil direkt aus dem Team kommt (z. B. 60 % Teamziele).

Entscheidet das Team darüber, was der wichtigste Fokus für das nächste Quartal ist, so entsteht schon der erste Schritt zur Selbstverantwortung (siehe auch OKR in Abschn. 4.4).

Auch die OKR-Meetings können recht schnell ins Team abgegeben werden und schon verschiebt sich die Zuständigkeit der Führungskraft dahin, den Rahmen zu ermöglichen, in dem so gearbeitet werden kann.

In der praktischen Umsetzung kann das so weit gehen, dass jedes Teammitglied in der Lage ist, die regelmäßigen OKR-Meetings zu übernehmen, selbst zu moderieren und ggf. die Ziele für das nächste Quartal schon vor dem Meeting abzufragen und einzutragen. Das Meeting kann dann dazu genutzt werden, die Ziele noch zu verfeinern. Durch Monats- und Wochen-Updates weiß jede Person genau, was in der nächsten Woche zu tun ist. Das Ergebnis sind transparente, selbst entwickelte Ziele und ein gleichberechtigtes Team, das sich selbstverantwortlich für die Umsetzung einsetzt und Entscheidungen treffen kann.

»Selfmanagement is beyond empowerment. Selfmanagement is empowerment itself!« (Kirkpatrick, 2013)

4.4   Kernbereich Arbeitsweise

Um agile Arbeitsweisen für die Arbeit der Zukunft ging es bereits im zweiten Kapitel. Ein umfassender Ansatz kann mit der Vorgehensweise »Agile Ziele – Objectives and Key Results (OKR)« realisiert werden.

OKR ist eine Zielsystematik, die an einem Quartalszyklus ausgerichtet wird. Das erzeugt eine deutlich höhere Flexibilität als herkömmliche Zielsystematiken, die meist auf Jahressicht angelegt sind und vielleicht durch halbjährliche Gespräche ergänzt werden (auch Wodtke, 2021).

Es gibt Objectives (Os) und Key Results (KRs). Die »O«s sind emotionale, qualitative Ziele, die zur Aktion inspirieren und den Grund für sie liefern. Somit kann man sie auch als »Warum«-Ziele beschreiben. Empfohlen ist eine Anzahl von maximal fünf »O«s pro Quartal.

Die Key Results (KRs) sind im Gegensatz zu den »O«s ganz klar messbar und ebnen den Weg zu den »O«s. Denn pro O gibt es bis zu vier KRs. Hat man also z. B. fünf »O«s, so entstehen bis zu 20 KRs. Das nennt man dann einen »OKR-Satz«.

Der Unterschied zum klassischen Führen mit Zielen ist neben der neuen Art, über Ziele zu denken, die stringente Art, sie zu verfolgen und täglich bzw. wöchentlich den Fokus auf anliegende Aufgaben zur KR-Erreichung zu legen. Das Review hilft, Erreichtes sichtbar zu machen und es auch zu feiern, während die Retrospektive dem Team die Möglichkeit gibt, die eigene Zusammenarbeit zu reflektieren. Wenn das gut gemacht wird, die Themen ernst genommen werden und direkte Verbesserungsschritte folgen, schaffen es die Teams, zu richtiger Hochleistung aufzulaufen.

Wie in Abb. 4.4 zu sehen ist, bettet sich das OKR-Konstrukt nahtlos in den

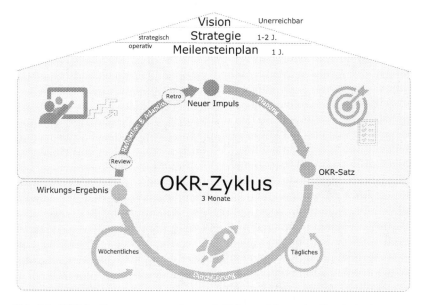

Abb. 4.4 OKR im Gesamtzusammenhang mit Vision und Strategie. (Quelle: in Anlehnung an OKR Experten (2021))

Aufbau von Warum, Vision, Strategie und Roadmap (Jahresziele) ein. So entsteht eine konsequente Verfolgung des Warum, bzw. der Vision.

4.4.1 Agiles Projektmanagement

Es gibt unterschiedliche agile Projektmanagementmethoden. Die bekannteste unter ihnen ist »Scrum«, das u. a. mit dem Namen Jeff Sutherland verknüpft ist. Scrum ist durch drei Rollen, fünf Events und drei Artefakte gekennzeichnet: Es arbeiten interdisziplinär aufgestellte Teams in genau drei Rollen, in fünf verschiedenen Meetings (»Events«) und unterstützt durch drei verschiedene Prozessdokumente (»Artefakte«).

- **Rollen:** Jede der drei Rollen – Scrum Master, Product Owner, Scrum Team – erhält einen Teil der Führungsaufgabe. Der Scrum Master ist für die Art verantwortlich, »wie« miteinander gearbeitet wird. Product Owner haben die

Perspektive »Produkt« und sind somit verantwortlich dafür, »was« erstellt
wird. Das Scrum Team hat die Perspektive, »auf welche Weise« es das geforderte Produkt umsetzt, und entscheidet selbstständig darüber, wie der Weg zum
Ziel gestaltet wird. Diese Rollenverteilung übergibt allen Beteiligten einen
Teil der Verantwortung, und zwar genau den, der an dieser Stelle am besten
getragen werden kann und sollte.

- Die fünf **Events** – Refinement, Sprint Planning, Daily Scrum, Sprint Review
  und Retrospektive – bauen sauber aufeinander auf und erhöhen den täglichen
  Fokus auf die zu dem Zeitpunkt wichtigsten Ziele.

Übersicht

Während im Refinement der Product Owner, basierend auf Stakeholder-
Erwartungen, genau definiert, was die Toppprioritäten für den nächsten
Sprint sind, wird im Sprint Planning festgelegt, welche Prioritäten innerhalb des nächsten Sprints abgearbeitet werden. Wiederum basierend auf
diesen Festlegungen spricht das Scrum Team jeden Tag im Daily 15 min
darüber, was am Vortag erreicht wurde »Was habe ich gestern geschafft?«,
was am selben Tag zu tun ist »Was werde ich heute tun?« und welche Hürden dabei im Weg liegen könnten »Welche Hürden werden mir dabei im
Weg liegen?«.

Dadurch wird an den entscheidenden Punkten jeden Tag fokussiert
gearbeitet, sodass im Review fertige Produkte vorgestellt werden können.
Spätestens an dieser Stelle ist eine erneute Einbeziehung der Stakeholder
sinnvoll.

Der Aufbau bis hierhin ist schon sehr stringent und erzeugt eine
immense Wirkung, die dann durch die Retrospektive sogar noch gestei-
gert werden kann. Die Zusammenarbeit wird durch die Retrospektive (siehe
OKR) regelmäßig auf ein neues Niveau gebracht.

- Die drei **Artefakte** – Product Backlog, Sprint Backlog und Inkremente – sind
  der dritte wichtige Bestandteil des »Scrum Frames«. Der Product Backlog ist
  eine priorisierte Liste der Nutzeranforderungen. Diese Liste dient dazu, festzu-
  legen, was während des nächsten Sprints angegangen wird. So wird aus dem
  Product Backlog der Sprint Backlog. Hier werden den Nutzeranforderungen
  konkrete Aufgaben für den nächsten Sprint zugeordnet. Werden die definierten

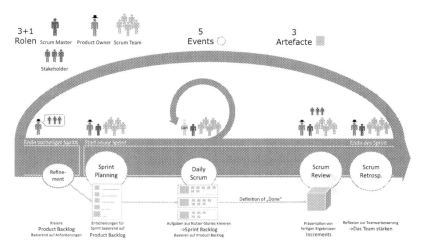

Abb. 4.5 Gesamtaufbau von »Scrum« mit Rollen, Events und Artefakten. (Quelle: eigene Darstellung)

Aufgaben abgearbeitet, so entstehen fertige Produkte oder Produktbestandteile. Alles, was am Ende eines Sprints fertig ist, wird als Inkrement im Review vorgestellt.

Der Gesamtaufbau von Scrum mit Rollen, Events und Artefakten (siehe Abb. 4.5) erzeugt sowohl Kundenfokus als auch sehr viel mehr Selbstverantwortung und die Flexibilität, von Sprint zu Sprint die Richtung komplett zu ändern. Innerhalb des Sprints ist das Konstrukt strikt und erzeugt so Effizienz durch Klarheit.

4.4.2   Prototypisches Arbeiten

Für ein besonders kundenfokussiertes, prototypisches Arbeiten ist der »Design Thinking«-Rahmen eine der etabliertesten Vorgehensweisen. Design Thinking kann dafür genutzt werden, fast jede klare Problemstellung – z. B. Herausforderungen zu Geschäftsmodellen, Produkten, Services, Prozessen, Teamstrukturen, Visionen, Strategien – neu zu denken. Der ganzheitliche iterative Innovationsprozess beinhaltet nicht nur den gestalterischen, sondern auch den konzeptionellen Anteil.

Kennzeichnend für das Vorgehen ist, dass mit spielerischer Kreativität an schnellen ersten Ideen gearbeitet wird. Diese werden mit den Kunden reflektiert, um verstehen zu können, wie eine bestimmte Zielgruppe konkret die Gedankenrichtungen einschätzt, die eingeschlagen wurden. Die Rückmeldung der Kunden hilft, schon frühzeitig einen passenden Weg einzuschlagen. Wer sich hingegen für Monate in eine Richtung bewegt hat, ohne eine Rückmeldung des Kunden zu bekommen, tut sich besonders schwer, den eingeschlagenen Weg noch mal zurückzugehen, um an einer früheren Kreuzung wieder abzubiegen.

Zumeist ergibt es wenig Sinn, ganz offen, ohne jegliche Einschränkung in die Kundengespräche zu gehen und einfach nur nach den Problemen des Kunden zu fragen. Der entscheidende Schritt, bevor wir auf einen Kunden zugehen, ist daher die Eingrenzung des Kernthemas. Nach welchen Problemgebieten wollen wir Ausschau halten?

Der Gesamtprozess (siehe Abb. 4.6), der sich daran anschließt, fokussiert nacheinander drei Kernaspekte:

1. Das RICHTIGE Designen:

In den ersten beiden Schritten geht es darum, die Kunden zu verstehen und sie ggf. sogar bei der Nutzung aktueller Lösungen zu beobachten. Es soll herausgefunden werden, welche Probleme wirklich gelöst werden müssen. In diesen ersten Kundengesprächen, Beobachtungen und Analysen ist häufig das Offensichtliche weniger wertvoll als die Botschaften zwischen den Zeilen. Daher sind Empathie und Intuition zentrale Fähigkeiten, die im »Verstehen« eingesetzt werden können. Fertige, hochaggregierte Auswertungen, wie es in herkömmlichen Marketinganalysen üblich ist, und Floskeln sind nicht die Quelle für Neuerungen.

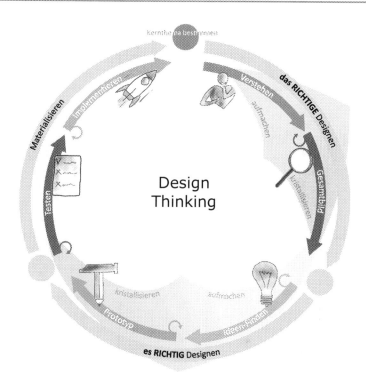

Abb. 4.6 Gesamtprozess des Design Thinking als Beispiel für prototypisches Arbeiten. (Quelle: eigene Darstellung)

Wenn die Zielgruppe und ihre Probleme weitestgehend aufgenommen wurden, gilt es, den geöffneten Themenfächer genauer zu betrachten und herauszukristallisieren, was im Kern verstanden wurde. Dafür werden die verschiedenen Informationen mit unterschiedlichen Methoden in Strukturen gegossen. So kann man z. B. mit dem Ansatz des »Moodboards« nach ausgewählten Themenbereichen zu der Zielgruppe alle inspirierenden Texte und Bilder, die man finden kann, an einer Pinnwand zusammentragen. Man bekommt Bildcollagen, die der Kundengruppe ein Gesicht geben und die Probleme verdeutlichen. Solche Methoden helfen, auch in den konzeptionellen Schritten mit kreativitätsfördernden Emotionen zu arbeiten.

2. Es RICHTIG Designen:

Nachdem nun Klarheit besteht, welches Problem angegangen werden soll, dienen die beiden darauffolgenden Schritte dazu, eine für die Kunden passende Lösung zu entwickeln. Erneut ist es hilfreich, eine glasklare Fragestellung zu formulieren.

Googles Chief Innovation Evangelist schreibt: »Most people think that innovation starts out with a great idea, but the truth is that it starts with a great question – a problem to solve.« (Pferdt, 2020).

Dadurch wird der Ideenhorizont weit aufgemacht. Es dürfen die verrücktesten Ideen entstehen. Ausdrücklich sollte sogar über das Herkömmliche hinausgedacht werden. Üblicherweise macht diese Phase besonders viel Freude, da die Kreativität groß wird und man sich doch des Mehrwerts der Aktion bewusst ist. Die entstehenden Ideen werden anschließend im gleichen Schritt »Ideen-Finden« mit der Zielgruppe gegengeprüft.

Mit den Rückmeldungen wird der Fokus auf die entscheidenden Ideen wieder erhöht und es können erste Prototypen gebaut werden. Dabei geht es wirklich um das kreative Entwickeln von vorzeigbaren Prototypen. Diese helfen uns nicht nur, sichtbar zu machen, wie gut wir die Kundenanforderungen verstanden haben, sondern sie helfen uns insbesondere auch, zu sehen, was wir noch nicht wissen oder noch nicht können.

> ► **Tipp** Vorzeigbar ist alles, was die Zielgruppe bei der Betrachtung
> des Prototyps mit einem ihrer fünf Sinne und/oder der Funktionalität
> anspricht:
>
> a) Feels like,
> b) Looks like,

c) Smells like,
d) Tastes like,
e) Sounds like oder
f) Works like.

Am häufigsten verwendet werden die Ausrichtungen »Works like«,
»Looks like« und »Feels like«.

3. Materialisieren:

Durch die Prototypen wird schnell die Möglichkeit geschaffen, direkte Tests durch-
zuführen, um der Endversion immer näher zu kommen. Von jeder Testrunde geht
es wieder zurück zur Prototypenverbesserung, bis zu dem Punkt, an dem eine
solide Lösung gefunden ist. Jetzt werden die Prototypen zu Geschäftsmodell, Produkt, Service, Prozess, Teamstruktur, Vision, Strategie etc. in der realen Situation
umgesetzt.

Auch für Erweiterungen, Optimierungen etc. wird der gesamte Design-Thinking-
Kreislauf immer wieder durchlaufen.

Diese Vorgehensweise hilft erneut den Führungskräften der Zukunft, einen klaren
Rahmen zu setzen, innerhalb dessen mit absolutem Kundenfokus die Kreativität des
gesamten Teams genutzt werden kann, um Probleme neu zu lösen (weiterführende
Hinweise finden sich bei Uebernickel et al., 2015).

4.5   Kernbereich Kompetenz

Im Rahmen eines Förderprojekts (AgilHybrid, www.agilhybrid.de) wurde in der Tiefe analysiert, welche Kompetenzen für Teams und für Führungskräfte in der Digitalisierung gefordert sind. Für Teams wird darin ein Modell mit 20 Kompetenzen (siehe Abb. 4.7) und für Führungskräfte ein Modell mit 16 Kompetenzen beschrieben.

Zu den wesentlichen Kompetenzfeldern sowohl für Teams als auch für Führungskräfte im digitalen Zeitalter gehören (Beiner et al., 2021):

1. Wandlungsfähigkeit,
2. Zusammenarbeitsfähigkeit,
3. Digitalfähigkeit,
4. Agilfähigkeit und
5. Unternehmerfähigkeit.

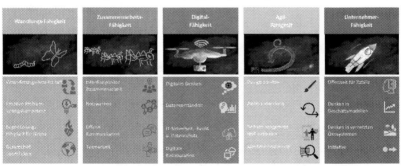

Abb. 4.7 Teamkompetenzen im Modell von AgilHybrid. (Quelle: AgilHybrid)

Um diese Kompetenzen wirklich entwickeln zu können, wurde ein Entwicklungsprogramm erstellt. Im Rahmen des Entwicklungsprogramms arbeiten Menschen in interdisziplinären Teams komplett virtuell an der Entwicklung digitaler Geschäftsmodelle. Dazu bekommen sie als Rüstzeug agile Arbeitsweisen an die Hand, lernen den offenen Umgang mit Zufällen genauso wie die Geschäftsmodellentwicklung und finden immer wieder neue Wege, um auftauchende Probleme kreativ zu lösen.

Das gesamte Programm läuft über neun Monate, mit einer konstanten Begleitung im dreiwöchigen Rhythmus. Auch Einzelcoachings für die konkreten Probleme der Projektteams sind Teil des Programms. Die Intervention ist ausdrücklich umfassend angelegt, um Kompetenzen der Zukunft wirklich in eine Organisation zu tragen und die Menschen auch in Tankerorganisationen zu befähigen, wie ein Speedboat zu arbeiten.

4.6 Kernbereich Technologie

Entscheidend für den gelingenden Einsatz neuer Technologien ist, dass betroffene Menschen sie auch wirklich wollen und als unterstützend empfinden. Sonst bleiben Akzeptanz und kompetenter Umgang mit den Technologien oberflächlich. Der Startpunkt für einen Technikeinsatz ist nicht die Technik selbst, sondern der Wunsch der Betroffenen nach Veränderung, weil sie erkannt haben, dass der Technikeinsatz zur Lösung wesentlicher Herausforderungen beiträgt.

Bezogen auf den eigenen Arbeitsbereich besteht die Möglichkeit, unliebsame Aufgaben zugunsten jener Aufgaben an Technik zu übertragen, in denen wichtigen Verantwortungen nachgegangen werden kann und in denen die eigenen Kompetenzen zentral sind. Es geht darum, die richtigen Aspekte einer Tätigkeit zu digitalisieren. Die Teams, die das verinnerlicht haben, betreiben die Suche nach den hilfreichen Technologien selbst und warten nicht darauf, dass sie zu Getriebenen werden. Sie könnten genauso auf interessante Lösungen hingewiesen werden.

Übersicht
Im Prinzip sind drei Punkte wesentlich:

1. **Finden:** Es werden Technologien angeboten oder gefunden, die wenig attraktive Tätigkeiten bestmöglich abnehmen können. Es geht nicht um die schnellste Suche, sondern darum, die Tools zu finden, die wirklich entscheidende Aufgaben abnehmen, ohne einen den Nutzen übersteigenden Zusatzaufwand zu generieren.
2. **Ausprobieren:** Die Tools werden getestet.
3. **Optimieren oder Wegwerfen:** Werden die Tools für gut befunden, werden sie für den konkreten Einsatzzweck optimiert. Erfüllen sie nicht (mehr) das, was benötigt wird, werden sie schnell auch wieder entsorgt.

Allerdings ist es etwas schwieriger, eine übergeordnete Bedeutung des Einsatzes von Technik zu vermitteln, wenn ihr Beitrag nicht unmittelbar erfahren werden kann. Wie fängt man dann an, dem eigenen Team die Augen zu öffnen, damit der Wunsch zur Veränderung einsetzt?

Eine mögliche Vorgehensweise ist das »Wachküssen aus dem Dornröschenschlaf«, das sich gut in Workshops integrieren lässt:

- Die Teammitglieder (Teamgröße egal) tauschen sich über ihr neustes Wissen zur Digitalisierung aus und darüber, wie sie dazu stehen (z. B. »Ich und Digitalisierung ...«). Hier kommt schon eine Menge auf den Tisch.
- Das Team erarbeitet in Gruppen, was aus seiner Sicht die wesentlichen Bestandteile von Digitalisierung sind, und sie schätzen auf einer Skala von eins bis zehn ein, wo sich die eigene Organisation bzw. der eigene Bereich diesbezüglich befindet.
- Jetzt gehen wir normalerweise mit einer Präsentation hinein, in der sehr deutlich noch mal alles auf den Tisch kommt, was Technologien heute schon können und was nicht. Das wirkt in der geballten Ladung sehr intensiv und macht jedem wirklich auch emotional klar, dass ein Stehenbleiben bzw. Augenverschließen nicht weiterhilft.

Wenn jetzt erst mal durchgeatmet werden muss, ist das normal, weil für viele an dieser Stelle ein echter Paradigmenwechsel eintritt.

- Danach folgt der Blick auf das eigene Team:»Wenn das stimmt, was wir eben gesehen haben, was bedeutet das für unsere Geschäftsmodelle, für unsere Produkte, für unsere Services sowie nach innen gerichtet und ganz besonders für unser Team?«

Man kann sagen, dass einige liebgewonnene Gewohnheiten von Technologien übernommen werden, aber auch positiv feststellen:»Wir bekommen mehr Zeit für verantwortungsvolle Aufgaben in Aufgaben, in denen unsere Kompetenzen auch ausgeschöpft werden.«

Schluss

5

Die umfassende und kontinuierliche Diskussion von Führung der vergangenen Jahrzehnte hat zum Teil bereits recht ähnliche und ebenso hohe Anforderungen an Führung gestellt. Beispielsweise wurden im Zusammenhang mit vorausgehenden Automatisierungswellen Anfang/Mitte der 90er Selbstorganisationskonzepte bei der Umsetzung (teil)autonomer Gruppenarbeit intensiv diskutiert. Hier und da blieben trotz des guten Willens langfristige Umsetzungen auf der Strecke.

> Implementierung heißt »Starten« und ist ein Dauerlauf mit immer wieder kleinen Sprints.

In vielen Firmen gab es große Führungskräfteentwicklungsprogramme, die helfen sollten, das nächste Level von Führung zu erreichen. Nahezu jede Führungskraft gibt sich Mühe, die beste Führungskraft zu sein, die sie sein kann. Gute Programme haben den Menschen in führenden Positionen geholfen, den Schritt von dem Vorgesetzten im Industriezeitalter zur Führungskraft im Wissenszeitalter zu schaffen. Damals wurde z. B. die Rolle des Coachs in der Führung implementiert, oder weiche Faktoren wie Kommunikation, Feedbackkultur oder Wertschätzung wurden stärker in den Mittelpunkt des Leaderships gestellt.

Allerdings gab es und gibt es viele Programme, die zu wenig berücksichtigen, dass es sich meist um einen umfassenden Wandel auf allen Führungsebenen handelt.

Es sollte nicht erst die Aufgabe der umsetzenden Führungskräfte sein, im Transfer der Konzepte in die Anwendungssituation die verbleibenden Leerstellen zu füllen.

Auch sollten die zeitlichen Ressourcen zur Verfügung gestellt werden, um eine neue Führung zu etablieren, und realistische Erwartungen an den Zeitbedarf gerichtet werden. Das Topmanagement sollte seine Strukturen erneuern und überzeugend eine neue Führungskultur vorleben.

Entwicklungsbegleitung zur Verhaltensveränderung braucht Zeit und Bereitschaft von allen Seiten sowie ein systematisches Vorgehen. Wenn die Systematik gut gemacht ist, berücksichtigt sie eine Einflussnahme wesentlicher Kontextfaktoren und ein transparentes Monitoring ihres Fortschritts über geeignete Indikatoren.

Die in Abschn. 3.1 beschriebene Haltung von Bodo Janssen ist der Dreh- und Angelpunkt einer gelingenden Umsetzung sich ändernder Führungskulturen. Die bestehende Kultur ist sogar mitverantwortlich dafür, wie sehr Dysfunktionalitäten innerhalb des Unternehmens überhaupt reflektiert werden (Kröll, 2020). Eine solche veränderte Haltung und das sich daraus ergebende veränderte Handeln gilt es auf allen Ebenen der Führung zu verändern.

Der Weg dorthin ist nicht einfach ein großer Sprung von der heutigen Kultur zur neuen. Er kann auch nicht einfach am Reißbrett geplant werden, sondern muss genauso wie in agilen Welten in kurzen Zyklen gegangen werden, in denen man konstant die Vision im Blick behält und doch von Sprint zu Sprint die Prioritäten neu setzen kann.

Das bedeutet für die Führungskräfte selbst und auch für die Organisations- und Personalentwicklungsbereiche, den Weg zu beginnen und sich persönlich und auch den Verantwortungsbereich einen Schritt weiterzuentwickeln. »Starten statt Warten« könnte hier die Devise sein. Dies bedeutet, sich der Herausforderungen aktiv anzunehmen und gemeinsam Umgangsweisen mit ihnen zu entwickeln.

> Umsetzen bedeutet in vielen Fällen, sich immer wieder den besonderen Herausforderungen einer Einbindung agilerer Organisationsformen in eine traditionelle Organisation zu stellen und sie aktiv aufzugreifen.

Oft werden agile Strukturen nur für einen Teil der Gesamtorganisation vorgesehen. Dies führt zwangsläufig zu Bruchstellen und es besteht Uneinigkeit darüber, ob bzw. wie diese Art der Organisation langfristig funktionieren kann. Gegebenenfalls ist dies aber auch die falsche Frage, denn Organisationen werden sich immer wieder wandeln. Wichtig ist hingegen die Vorwegnahme der typischen Herausforderungen, die an diesen Bruchstellen entstehen, und ein möglichst produktiver Umgang mit ihnen. Was sich an den dort entstehenden Bruchstellen ereignet, welche Widersprüche und Paradoxien entstehen (ein Überblick findet sich z. B. bei Kühl, 1998) und welche Ansatzpunkte es gibt, um mit ihnen umzugehen, wird noch zu wenig diskutiert.

Um stets Entwicklungen vorweg nehmen zu können, befindet sich eine sehr agile Organisation in einem permanenten Wandel. Ihr Selbstverständnis als Führungskraft eines agilen Teams und die damit verbundene Art der Führung dürften hier und da bei Vorgesetzten in hierarchischen Strukturen auf Unverständnis stoßen. Dies ist beispielsweise dann der Fall, wenn die Führungskraft eines selbstorganisierenden Teams nicht mehr über alles Bescheid weiß, aber auf sie bezogen die Erwartung besteht, dass sie zu jedem Zeitpunkt bis in jedes Detail auskunftsfähig sein soll.

Ein anderes Beispiel ist der Umgang mit Fehlern. So kann es gewollt sein, Risiken des Ausprobierens zuzulassen. Wenn aber ein Fehler passiert, ist die verantwortliche Position mit traditionellen Haltungen konfrontiert. »Agile Teams [können] nicht richtig funktionieren, wenn sie eine einsame Insel in einem hierarchisch organisierten Konzern sind.« (Förster, 2021) Es sind die Systeme und die auf der nächsthöheren Managementebene definierten Rahmenbedingungen für Führung, die häufig allein schon aufgrund der Struktur das Geforderte nicht zulassen. Bei diesem klassischen Widerspruch von Selbstorganisation in fremdbestimmten Strukturen wird die Bewältigung zusätzlich geforderter Flexibilität zur Aufgabe des Beschäftigten (Neumer, 2020).

Werden die durch Einbindung agiler Organisationsformen in traditionelle Strukturen verursachten besonderen Herausforderungen nicht zur Sprache gebracht, dann ist einerseits davon auszugehen, dass sie anteilig auf dem Rücken derer ausgetragen werden, die die Verantwortung für die Ergebnisse der agilen Teams haben, aber selbst traditionell geführt werden. Sie sind mit der Situation konfrontiert, selbst nicht die notwendigen Freiräume zu haben, um den sich selbst organisierenden Teams adäquate Lösungen anbieten zu können, sie aber dennoch anbieten sollen. Einerseits sollen unterstellte Führungskräfte Verantwortung für Dinge übernehmen, deren Gestaltung tatsächlich ihrer Verantwortung entzogen ist, andererseits ist davon auszugehen, dass sie die Möglichkeit auch nutzen werden, Verantwortung anderen Stellen zuzuschieben. Mikropolitik in Organisationen wird befeuert.

Letztlich erstaunt wenig, wenn als mögliche Konsequenz die Bereitschaft abnimmt, Führung übernehmen zu wollen. Neben den »unmöglichen« Bedingungen, die geforderte Leistung zu erbringen, und dem damit verbundenen Risiko, sich selbst zu verausgaben (von der Oelsnitz et al., 2014), sinken in dezentralen Strukturen der Gehaltsabstand und damit das »Schmerzensgeld«.

Der Transformationsprozess selbst ist eben kein mechanistischer Prozess, der Punkt für Punkt abgearbeitet wird, sondern er muss offen für die Widersprüche, Uneindeutigkeiten und Unwägbarkeiten sein, sie respektvoll aufgreifen und reflektiert bearbeiten (Neumer, 2020).

Eine weitere Herausforderung stellt sich entlang der mit agilen Vorgehensweisen verbunden Ziele und des Einsatzes von Methoden und modernen Technologien.

Oft werden Vorstellungen darüber, wozu Agilität eigentlich beitragen soll, oberflächlich skizziert, aber zu wenig konkretisiert. Ähnlich verhält es sich mit dem Einsatz von modernen Technologien. So wird proklamiert, dass »Mensch und Technik« in ihren Fähigkeiten optimal kombiniert werden sollen. Wichtig wäre es, sich dann auch eingehend damit auseinanderzusetzen, was dies bedeutet, und sich erst dann für den jeweiligen Technikeinsatz zu entscheiden.

Der Hintergrund der agilen Idee ist, dass sie zur Lösung komplexer und neuartiger Herausforderungen beitragen soll, während sie bei weitgehend vorherbestimmten Wertschöpfungs- und Dienstleistungsprozessen wenig bringt (Bahlow, 2020; Hoffmann, 2020). Agilität schafft zu diesem Zweck den Raum für selbstorganisiertes Handeln der Organisationsmitglieder. Die von uns skizzierte Agilität setzt auf autonomes Handeln der Mitarbeitenden und komplexe Interaktion. Mit Blick auf den Einsatz an Methoden und modernen Technologien wird oft vernachlässigt, wie sie eingesetzt werden sollten, damit sie Autonomie unterstützen. Die Implementierung von Arbeitsinstrumenten ist kein Garant dafür, dass die Vorteile verwirklicht werden können. Mehr als bisher sind ihre Auswahl, ihre Gestaltung und ihr Einsatz mit den Zielen von Agilität abzustimmen. Praktisch einigt man sich bei beidem zu oft auf den kleinsten und wenig sinnvollen gemeinsamen Nenner: Effizienz.

Genau deshalb ist es so wichtig, dass Sinn, Selbststeuerung und Leitplanken nicht nur gefordert, sondern auch auf allen Führungsebenen – zu denen alle vom Topmanagement bis hin zu operativ Ausführenden zählen – verinnerlicht werden. Auch ist es wichtig, in der Einführung und Umsetzung agiler Organisationsformen einem ganzheitlichen Ansatz zu folgen und keinen der Aspekte außer Acht zu lassen, da sie sich gegenseitig bedingen. Jeder einzelne ist in den Blick zu nehmen und es ist auf ihn bezogen die Frage zu stellen, ob konkrete Maßnahmen ergriffen werden sollten. Sind einzelne Kernaspekte zu wenig auf das Führungsbild abgestimmt, bestehen verschiedene Risiken für eine dauerhafte Implementierung (siehe Abb. 5.1).

Das Rahmenmodell trägt dazu bei, dass alle Teams, die mit komplexen und komplizierten Aufgaben betraut sind, in selbstverantwortlichen Speedboats unterwegs sind – mehr ausgehend vom Kunden denken und kreative neue Lösungen finden, welche die eigene Organisation viel schneller in neue Höhen katapultieren können als herkömmliche Prozessverbesserungen. Wichtig ist es, der Verführung des überzogenen Effizienzdenkens und den zu frühen hohen Erwartungen zu widerstehen und an erster Stelle ein evolutionäres Mindset zu behalten.

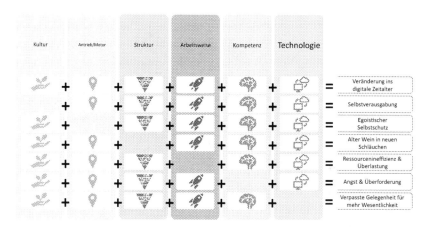

Abb. 5.1 Risiken für die Umsetzung des Führungsbildes. (Quelle: eigene Darstellung)

Um den »alten Tanz« zu durchbrechen und auch im Topmanagement die Voraussetzungen für die neue, schnellere und kreativere Organisation und Führung zu schaffen, hilft es z. B., wenn es selbstverständlich wird, dass die Teams auch die Ergebnisse präsentieren, die sie erzielen. Die Führungskraft ist nicht mehr die Präsentationskraft für die Erfolge des Teams, auch wenn sie von dem Team dafür einbezogen werden kann.

Nur dieses Beispiel zeigt schon, wie der »alte Tanz« durchbrochen werden kann und die Musik auf einmal zu allem passt, was in der Organisation stattfindet. Teams sind selbstorganisiert, Führungskräfte tun alles, um diese Teams zu stärken, und das Topmanagement steuert den eigenen Beitrag dazu bei, indem es die Strukturen auch auf seiner Ebene verändert.

So entsteht ein richtig guter Flow … auch auf Deiner Party!

Was Sie aus diesem *essential* mitnehmen können

- Sinn, Selbststeuerung und Leitplanken der digitalen Führung müssen keine Floskeln bleiben, sondern sie können gelebt werden.
- Die konkrete Veränderung von Führung muss über verschiedenste Ansatzpunkte erfolgen: Kultur, Antrieb, Struktur, Arbeitsweisen, Kompetenzen und Technologie greifen ineinander. Wichtig für eine gelingende Umsetzung ist eine möglichst hohe Konsistenz in der Gestaltung von Führung.
- Es gibt nahezu unvermeidbare Stolpersteine bei der Umsetzung agiler Organisationsformen, die wichtig für die Entwicklung einer angemessenen Erwartungshaltung sind, z. B. was den erforderlichen Zeitbedarf der Umsetzung und Ergebnisse anbetrifft.

Literatur

AgilHybrid. (Ohne Datum). Die Kompetenzen der Zukunft. https://agilhybrid.de/. Zugegriffen: 13. Okt. 2021.

Bahlow, J. (2020). Agile Teams – Anspruch und Wirklichkeit einer neuen Selbstorganisation. In S. Porschen-Hueck, M. Jungtäubl, & M. Weihrich (Hrsg.), *Agilität?* (S. 61–80). Hampp.

Beiner, S., Trabert, T., Kinkel, S., Müller, J., Cherubini, E., & Lehmann, C. (2021). Identifikation und Validierung von Teamkompetenzen für die Entwicklung digital vernetzter Geschäftsmodelle Gruppe. Interaktion. Organisation. *Zeitschrift für Angewandte Organisationspsychologie (GIO), 52*(2), 1–17.

Biemann, T., & Weckmüller, H. (2019). Transformationale Führung: What's next? *Personalquarterly, 04*(19), 54–57.

Dühring, L. (2020). *Agilität und Unternehmenskommunikation: Herausforderungen und Handlungsoptionen.* Springer Gabler.

Fara D. R. (2019). Speedboat oder Tanker… wie werden wir in der digitalen Transformation erfolgreich. https://www.linkedin.com/posts/verantwortung-steigern_verantwortungssteig ern-kompetenzentwicklung-activity-6592650928015327232-YnhD.

Förster, M. (2021). Agilität: Offen tun und hierarchisch denken. https://www.heise.de/news/ Agilitaet-Offen-tun-und-hierarchisch-denken-5067818.html. Zugegriffen: 13. Okt. 2021.

Gaukler, B. (2016). Mensch 4.0: Der Upstalsboom – Weg: Mitarbeiterführung im (Kultur-) Wandel. BTU Cottbus-Senftenberg. https://www.youtube.com/watch?v=c1TwxZhTPN0. Zugegriffen: 16. Dez. 2021

Handelsbanken. (2021). Our story. https://www.handelsbanken.com/en/about-the-group/our-story. Zugegriffen: 15. Okt. 2021.

Häusling, A. (2018). *Agile Organisationen. Transformationen erfolgreich gestalten – Beispiele agiler Pioniere.* Haufe.

Hoffmann, A. (2020). Selbstorganisation, Team- und Netzwerkarbeit – Bringt Agilität Neues oder eine Reformulierung des Alten? In S. Porschen-Hueck, M. Jungtäubl, & M. Weihrich (Hrsg.), *Agilität?* (S. 81–104). Hampp.

Janssen, B. (2017). GameChanger Führung: Wertschöpfung durch Wertschätzung. https://www.youtube.com/watch?v=TaCqcmLyRt4. Zugegriffen: 16. Dez. 2021.

Kirkpatrick, D. (2013). Beyond empowerment – Are we ready for the self-managed organization? Doug Kirkpatrick at TEDxChico. https://www.youtube.com/watch?v=Ej4n3w 4kMa4. Zugegriffen: 14. Okt. 2021.

Kröll, M. (2020). *Innovationsprojekte und organisationalen Wandel professionell gestalten.* Springer Gabler.

Kühl, S. (1998). *Wenn die Affen den Zoo regieren. Die Tücken der flachen Hierarchien.* Campus.

Lee, M. Y., & Edmondson, A. C. (2017). Self-managing organizations: Exploring the limits of less-hierarchical organizing. *Research in Organizational Behavior, 37*, 35–58.

Neumer, J. (2020). Selbstorganisation gestern und heute – Ein qualitativer Umbruch im Umgang mit Unsicherheit? In S. Porschen-Hueck, M. Jungtäubl, & M. Weihrich (Hrsg.), *Agilität?* (S. 23–46). Hampp.

OKR Experten. (2021). Die OKR Methode – Einführung in Objectives and Key Reszults. https://okrexperten.de/okr-methode/. Zugegriffen: 16. Dez. 2021.

Pachaly, F. (2020). Über das Erfolgsmodell RECUP,Lohntransparenz & Millionen gesparter Kaffeebecher. https://www.youtube.com/watch?v=AVhagGrBWbY. Zugegriffen: 16. Dez. 2021

Pferdt, F. G. (2020). The google cloud DACH – Digital idea lab. https://www.youtube.com/watch?v=0mR5euxEq3o. Zugegriffen: 13. Okt. 2021.

Robbins M. (2017). How to beat self-doubt in 5 seconds – Success magazine. https://www.youtube.com/watch?v=IaBg1XzDnSU. Zugegriffen: 6. Nov. 2021.

Sinek, S. (2011). *Start with why. How great leaders inspire everyone to take action.* Penguin Books Ltd.

Stacey, R. D. (2011). *Strategic management and organizational dynamics. The challenge of complexity to ways of thinking about organisations* (6. Aufl.). Pearson Education Ltd.

Uebernickel, F., Brenner, W., Pukall, B., Naef, T., & Schindlholzer, B. (2015). *Design Thinking. Das Handbuch* (2. Aufl.). Frankfurter Allgemeine Buch.

Von der Oelsnitz, D., Schirmer, F., & Wüstner, K. (2014). *Die ausgezehrte Organisation.* Springer.

Wodtke, C. R. (2021). *Radical focus: Achieving your most important goals with objectives and key results* (2. Aufl.). Cucina Media LLC.

Printed in the United States
by Baker & Taylor Publisher Services